宁夏初中英语优秀教师课堂提问研究

张昭——著

NINGXIA
CHUZHONG YINGYU
YOUXIU JIAOSHI
KETANG TIWEN YANJIU

黄河出版传媒集团
阳光出版社

图书在版编目(CIP)数据

宁夏初中英语优秀教师课堂提问研究 / 张昭著. -- 银川:阳光出版社, 2023.1
ISBN 978-7-5525-6561-4

Ⅰ. ①宁… Ⅱ. ①张… Ⅲ. ①英语课－课堂教学－教学研究－初中 Ⅳ. ①G633.412

中国版本图书馆 CIP 数据核字(2022)第 206089 号

宁夏初中英语优秀教师课堂提问研究　　张　昭　著

责任编辑　李少敏　郑晨阳
封面设计　晨　皓
责任印制　岳建宁

黄河出版传媒集团
阳光出版社　出版发行

出 版 人　薛文斌
地　　址　宁夏银川市北京东路 139 号出版大厦（750001）
网　　址　http://www.ygchbs.com
网上书店　http://shop129132959.taobao.com
电子信箱　yangguangchubanshe@163.com
邮购电话　0951-5047283
经　　销　全国新华书店
印刷装订　宁夏银报智能印刷科技有限公司
印刷委托书号　(宁)0024770

开　　本　880 mm × 1230 mm　1/32
印　　张　4
字　　数　76 千字
版　　次　2023 年 1 月第 1 版
印　　次　2023 年 1 月第 1 次印刷
书　　号　ISBN 978-7-5525-6561-4
定　　价　28.00 元

前　言

学起于思，思源于疑。学生的思维活动往往是从问题开始的，因此课堂提问对学生思维的培养起着至关重要的作用。有效的课堂提问不仅有助于提高教师的教学质量，而且能够激发学生的学习兴趣、启迪学生的创造性思维。课堂提问是一种不可或缺的教学手段，会直接影响课堂教学的效果。

笔者以宁夏为例，采用问卷调查法了解初中英语教师课堂提问的现状，并通过对获得“一师一优课，一课一名师”部级优课的优秀教师进行访谈和课堂实录转录分析，分别就提问数量、提问类型、提问方式、候答时间、教师反馈进行研究。研究发现：（1)宁夏初中英语教师课堂提问存在八个特点，包括大部分学生对课堂提问在学习中的作用持肯定态度、教师提问没有面向全体学生、教师反馈形式过于单一、问题缺乏趣味性且不贴近学生的生活、 教师个人素质参差不齐导致部分教师在课堂上与学生产生距离感、教师缺乏课后总结和反思致使课堂提问水平停滞不前、教师提问方式不科学、教师提问数量多但内容缺乏广度和深度；（2)相对于普通教师而言，优秀教师课堂提问具有更为积极的特征，包括提问数量合理、提问类型中高级认知水平的问题明显增加、提问后以学生自愿举手回答问题为主、候答时间充足、对学生的反馈都为积极反馈，但其对课堂提问的相关理论同样没有深入的了解。

针对研究结果，笔者提出加大教师培训力度等五项改进建议来“以问促学”，旨在提升宁夏初中英语课堂提问的有效性，增强英语教师对课堂提问的重视度，从而提高英语课堂教学质量。

目　录

第一章 引 言

一、研究背景

在全球一体化的背景下，英语作为国际交流的通用语言，其重要性日益凸显。为了适应经济和社会发展的新需要、培养出能够参与国际竞争和交流的人才，我国自 2001 年起陆续颁布了一系列有关教育改革的文件。在新课程标准背景下，《义务教育英语课程标准》(2022 年版) [1] 提出“英语课程内容由主题、语篇、语言知识、文化知识、语言技能和学习策略等要素构成。围绕这些要素，通过学习理解、应用实践、迁移创新等活动，推动学生核心素养在义务教育全程中持续发展”。在课堂上，提问是师生交流的主要方式，提问不但能培养学生的语言交际和综合运用能力，还能启发学生的思维，引导学生学会发现问题和解决问题。因此，课堂提问在英语课堂教学中至关重要，通过提问可以培养学生的认知能力和思维能力。

课堂提问是课堂教学的重要组成部分，多年来众多学者研究过这一命题。Chuska [2] 指出每节课上都要有教师课堂提问。王笃勤 [3] 指出，英语课堂中交互活动数量达到 20%~40%会对学生的语言学习发挥积极作用。在二语习得课堂上，教师与学生间的问答话语高达 70%。宋金若 [4] 指出，如果教师能更多地关注课堂提问的话，学生的语言输出能力会明显提高，课堂互动也会越来越好。在课堂上，教师能否提出高质量的问题，教师所提出的问题能否达到预期的教学目的，是衡量一位教师课堂驾驭能力的标准之一，也是评价一位教师教学水平高低的重要标准之一 [5]。由此可见，课堂提问在教学中有着决定性的地位，其有效性会直接影响教学水平及教学效果。

然而，目前教师课堂提问方面存在的问题也不容小觑。王方林 [6] 指出，教师在提问后留给学生的思考时间只有 1~2 秒，这不利于学生的思考。部分教师提问时只关注到前排的学生，极少能够面向全体学生去提问。陈羚 [7] 指出，教师的课堂提问策略意识薄弱，对学生的反馈大部分是消极的或者只是给予简单的 good 或 great 等评价，评价形式过于单一。这些课堂提问中存在的问题应该引起一线教师的高度重视。

语言的教学并不是单纯的理论性知识讲解，而是通过提问、互动等方式使学生能够真正地掌握知识，从而灵活运用，也能让教师发现教学中存在的问题。英语课堂是哑巴课堂这一现状一直被国人所诟病，学生通过英语课堂学习之后，只是学会做题、考试，并没有掌握语言的运用。随着年龄的增长，初中生的英语学习动机尤其是参与课堂教学活动的意愿日益降低，因此课堂上英语教师一言堂现象屡见不鲜，即教师滔滔不绝地讲，学生被动地听、被动地接受知识，英语课堂严重缺少师生间的互动与交流。改善这一英语教学现状最有效、最直接的方法就是将课堂提问充分利用起来，以此增加师生间的交流互动，并让学生积极思考、主动参与到课堂活动中来。

虽然随着新课改的推行，课堂教学发生了巨大变化，课堂教学研究成果丰硕，但对教师课堂提问的关注和研究少之又少。初中阶段是培养学生英语学习兴趣和思维能力的重要阶段，初中英语教师应对目前的课堂提问现状有一定的了解，并加强对课堂提问的认识，向优秀的教师学习并汲取关于课堂提问的相关知识，进一步提高专业技能。

二、研究目的

教育部原部长陈宝生指出，课堂是教育的主战场，课堂一端连接着学生，一端连接着民族的未来。课堂是人才培养的主渠道。当前，许多英语教师对课堂提问极不重视，缺乏研究与探索，使课堂提问流于形式，大部分问题肤浅，提问方式单调。在很多英语课堂上，看似有问有答，有大量双边活动，但实际上缺乏实用价值。就笔者所在的宁夏而言，依然存在一些对教学及课堂相关知识掌握不足、不思进取、不能意识到课堂提问重要性的教师。部分教师虽然对自身知识储备的不足有所认识，但是没有掌握正确的学习方法，也没有找到相关途径去提升自我、改进教学中存在的不足。

虽然目前关于教师课堂提问的研究有一定的数量，但是绝大部分是对大学和高中课堂提问的研究，对初中优秀教师课堂提问的研究很少，对西北地区如宁夏等地课堂提问的研究几乎没有。因此，笔者希望借助对宁夏初中学校学生的问卷调查来发现当前宁夏初中英语课堂提问的现状及存在的问题，并通过对优秀英语教师的课例分析和访谈来寻求课堂提问的好方法及改进措施。具体研究问题如下：

（1）宁夏初中英语教师课堂提问的现状如何？

（2）优秀初中英语教师课堂提问的数量有多少？提问类型、方式有哪些？候答时间一般为多久？教师反馈的特征有哪些？

（3）优秀初中英语教师在课堂上所提出的问题侧重于哪种认知层次？

（4）初中英语教师的课堂提问是否有效？需要哪些改进措施？

三、研究意义

课堂提问是一门深奥的艺术，课堂提问运用得当，能够培养学生的求知欲，提高学生的学习能力，进而能更好地推动素质教育的实施，提高教学质量。因此，对宁夏优秀初中英语教师的课堂提问进行研究具有理论意义和实践意义。

《义务教育英语课程标准》(2022 年版)[1] 强调教师的专业化水平是有效实施英语课程的关键。本研究能够丰富国内关于课堂提问的理论研究，能够丰富教师的专业理论知识，使之具备良好的职业素养，反思并重视课堂提问的有效性，从而有效组织课堂教学。

除此之外，基于新课改的大背景，宁夏连续举办了三届“推进课堂变革，提升教学效率”的赛课活动以推进课堂变革，并制定了《宁夏课堂教学评价标准表》(附录五)，提出了评判优课的标准。评价标准之一是学生质疑生成，而学生在课堂上的质疑生成主要通过教师课堂提问的有效引导。该表虽提出了学生主动去质疑，却没有将教师课堂提问作为评价标准来评判一堂课的有效性。因此，本研究对促进宁夏课堂变革具有一定的实践意义。同时，对课堂提问的研究，能增强学生的学习动机和求知动力，激发学生的学习兴趣，活跃课堂气氛，能够让学生更积极地学习、主动地思考、大胆地质疑。

对优秀教师课堂提问的研究也能够使教师了解当前课堂提问的现状并准确地意识到自身课堂提问的不足之处，并通过对比找出与优秀教师间的差距，取其精华、去其糟粕，让课堂提问变得更加符合学生身心发展的需求，从而提高学生的课堂参与度，提高教学质量，最终达到教学相长的目的。

第二章　文献综述

提问作为一种有效的教学方式，有着悠久的历史。早在两千多年前，孔子就提出启发式教学，倡导“不愤不启，不悱不发”。苏格拉底提出的“产婆术”主张用谈话法引导学生获取知识。这些思想都反映出提问的重要性。美国 Stevens 是最早倡导对教师提问进行研究的学者。Stevens [8] 发现在学校教师大约有五分之四的时间都在提出问题、回答问题以及对学生的回答进行及时的评价与反馈，高中教师平均每天的提问数量甚至达到了 395 次。我国对英语课堂提问的研究起步较晚，始于 20 世纪 90 年代末，这与我国引入英语教学的时间较晚有关。国内学者对英语课堂提问的研究偏重实效研究，对理论本身及与之相关的心理学层面的研究较少。

一、课堂提问功能研究

黄海鹰 [9] 认为课堂提问可以引导学生进行有目标的思考，

可以提高学生表达思想的能力，可以作为教师检查教学效果的手段，同时有利于组织班级教学活动。梁志大[10]认为课堂提问具有检测功能、组织教学功能、导入功能、授课功能、反馈功能、总结功能和巩固功能。傅惠钧[11]认为课堂提问的功能主要体现为激发思维、集中注意、反馈调控。提问有助于启发思维，在学生的思维机器尚未开启之时，教师的提问具有启发作用，能促使其积极思考；提问又是思维的阶梯，当学生的思维积极向前推进时，教师恰到好处的提问能把学生的思维引向深入，帮助他们迈上新的台阶，步入新的境界；提问还是思维的路标，当学生的思维遇到阻碍或陷入误区时，教师的提问能将其及时引向正确的轨道。姚安娣[12]认为课堂提问的功能包括七个方面：启发学生思考；给学生提供参与讨论、表达意见的机会，有助于学生组织及发言能力的提高；激发学习动机和学习兴趣；组织教学、提示要点、帮助了解与促进记忆；诊断与补救教学；产生回馈作用，帮助教师改进教学；控制教室秩序，形成合适的学习环境。吴文海[13]认为良好的提问艺术能优化课堂教学过程，使师生间处于和谐的信息交流中，从而提高课堂教学效果；教师必须深入研究课堂提问的功能，准确把握课堂提问的原则和方法，才能在教学中灵活地、自然地提问，活跃课堂气氛；课堂提问的功能包括设悬和提醒、反馈和调控、促进思维发展、优化课堂教学过程等。王凌志[14]认为课堂提问的功能表现在：增进师生交流，激发学生的思维，集中学生的注意力，反馈信息，为锻炼学生的表达能力提供机会。段晋中等[15]认为课堂提问能够激发学习动机、培养思维能力、协调教学活动，有助于学生对知识点的理解与记忆。张宇[16]认为提问有助于启发学生思维；给学生提供参与讲座、发表意见的机会，有助于学生口语能力的提升；有助于激发学生学习动机，增强学习兴趣；有助于教师改善教学，控制教室秩序，形成良好的学习环境。张冬梅[17]认为提问是连接主导和主体的纽带，问题是思维的起点和动力；在课堂教学中精心设计问题、创设情境，能使学生乐于探究，实现师生间的有效互动，从而激发学生学习兴趣、引导学生进行意义建构、训练学生思维。龙祎[18]认为，提问具有信息功能，其语用前提是说话人不知道此信息而想了解或说话人认为对方能够提供此信息。提问具有人际功能，其语用前提是说话人想和对方保持一种和谐关系，而且说话人认为此问题有助于营造轻松和谐的氛围。提问具有指示功能，其语用前提是教师让学生做某些事情，例如读书、解释、保持安静等，并且希望学生能够按要求执行。提问具有指导功能，其语用前提有三种：一是教师激励学生思考问题，并且教师认为此问题有助于学生理解一些内容，或教师想知道学生怎样理解所问的问题；二是教师检查学生是否理解一些内容；三是教师运用所提的问题对学生进行语言和表达能力的训练。提问具有探索功能，其语用前提是学生想知道不清楚的指示且认为教师会提供其想了解的知识，因此学生也会向教师提问。崔文婷[19]认为课堂提问具有导入功能、启发功能、记忆功能、控制功能、总结功能、反馈功能。冯丽[20]认为课堂提问的功能是检查学生获取信息的程度（课堂提问可了解学生对课文或对话的预习情况，了解学生对课文或对话的理解程度，有利于教师在课堂上对所讲授的内容进行调整）；激发学生的学习兴趣，吸引学生的注意力；对所学内容进行归纳、总结、升华。季红琴[21]认为英语教师课堂提问是进行课堂互动、实现师生间沟通交流的重要手段；英语教师课堂问题具有多样性，主要包括回应和认知两大类；英语教师课堂提问不具随意性，而是教师根据所授课程、讲授内容、授课对象的层次等进行的策略性互动；英语教师课堂提问对提高教学效果、完成教学目标具有重要作用。Miriam Gerstein[22]认为在体验式参与阶段，学生以小组的形式在课堂上完成一些相关的探究活动，以激发学习兴趣并了解必要的先前知识；在概念探究阶段，学生主要通过教师提供的视频系统学习相关知识；在意义建构阶段，学生通过讨论、回顾、分析、评估、整合等方式对前两个阶段学到的知识进行深度反思，教师可以设计题目测试学生对知识的理解程度，以此来帮助学生进行反思和意义建构；在演示与应用阶段，学生以合作、面对面的方式，把前面所学的知识用于创造某个产品或某种观点。窦瑾等[23]认为课堂提问涉及的问题通常是组织教学的开始，是教学的要点，是学生学习过程中思维活动的重要激活因素，是启发、讨论、探究和发现的前提，其功能包括集中注意力、激活思维、促进学习、优化反馈、加强师生及学生间沟通；除了这些基本的、现实的功能之外，从长远来看，课堂提问对培养学生问题意识、思维习惯等的作用也是非常显著的。杨志林等[24]认为在英语教学过程中，课堂提问是必不可少的，它是师生互动的重要形式，复习旧的知识、导入新的教学内容、检查学生的理解程度、巩固已学语言点等都离不开课堂提问，教师在此过程中的行动影响整体教学效果；课堂提问的功能包括：有效地反馈教学效果，激发学生的学习兴趣，有效地进行课堂管理，培养学生的思维能力，培养学生的口语表达能力和交际能力。徐燕[25]认为课堂提问作为一项可操作、可演示、可评价、可把握的教学技能，是实现师生沟通的主要途径和师生间信息交流的重要手段，课堂上只有进行有效的提问，才能达到提问的目的，欲有效发挥课堂提问的功能，需要精心设定提问的目标、准确把握提问的时机、恰当运用提问的方式、积极营造提问的氛围、及时给予中肯的评价、尽量避免冗余的提问。邹青[26]认为好的课堂离不开智慧性的提问，只有通过高质量的提问才能激发学生的学习兴趣并极大地发挥他们的潜力；提问是促进课堂教学的工具，课堂提问有六种以言行事功能：指导性功能、指示性功能、互动性功能、询问性功能、表达性功能和反馈功能，每种功能和问题的形式并不是一一对应关系；教师采用不同的策略实现不同的目的，如铺垫、追问和复述主要用来实现指导性功能，模糊限制语、建议性提问和预先铺垫主要用来实现指示性功能，而复数形式的人称代词“我们”被广泛应用于实现交互功能的提问中，从而营造舒适、和谐的学习环境。赵爱红[27]认为提问可以为学生明确知识点；可以引发学生思考，提高学生的认知水平，培养学生的思维能力和英语素养；可以帮助教师更加有层次、有规划地组织课堂教学，便于教师根据反馈调整教学方式；可以增强课堂的趣味性。

二、课堂提问技巧研究

林珍玉[28]认为有效的课堂提问可以使课堂教学获得事半功倍的效果，具体应从四个方面入手：讲解时找准提问时机，及时巧妙地进行提问，可以有效地控制学生注意力，这是教师组织课堂教学的重要途径；教师提出的问题必须经过缜密思考，选准提问对象，使优、中、差各个程度的学生都能够获取所需信息，树立学习信心，激发学习兴趣；为了丰富课堂教学内容，教师要灵活运用多种提问方法，这样既可以活跃课堂气氛，又可以激发学生思维；课堂提问时要摒弃只提问优等生的陋习，把提问对象扩大到整个班级，使每个学生都能通过回答适合自己的问题，体验成功的喜悦，分享成功的欢乐。袁静[29]认为提问要从简单到复杂，循序渐进，这样能增强学生回答问题的信心，也为下一步提出更难的问题打下坚实的基础；要给予每个学生均等的回答问题的机会，课堂提问时，要尽量照顾到多数学生，兼顾少数学生，有时可采取连锁提问法，就是先提出一个问题，然后让学生按座位前后、左右顺序依次回答，使每个学生都有练习机会。吴锦秀[30]认为要精心设计课堂提问必须在以下四个方面多做努力：把握时机，当问则问，注意实效性；难易适当，面向全体，注意启发性；运用各种提问类型，注重提问方法的多样性；关注反馈，及时调整，注意灵活性。王政[31]认为教学中的提问是教师启发学生思考的重要手段，提问应当关注四个方面：提问要有梯度，逐步跟进；提问要留有思考空间，促进思维；提问要构建信息，形成“真”交际；提问要有中心，突出重难点。付芸[32]认为在初中英语课堂教学中进行有效提问，必须保证提问时机的准确、提问形式的准确、提问技巧的准确。康福[33]认为教师提问必须有明确的目的；提问设计要有情趣、意味和吸引力，使学生感到在思索答案时有趣而愉快，在愉快中接受教学；教师要认真挖掘教材，设计出一些具有梯度、由易到难、循序渐进的问题，选择不同的对象回答；学生回答问题后，教师应及时恰当地给予评价，评价以肯定、鼓励为主，即使学生回答不正确，也要肯定其勇于回答问题、勇于发表个人见解的精神，这样才能激发学生的学习积极性；课堂提问要有多样性；教师在提出一个问题后要留给学生足够的思考时间。苏立平[34]认为教师的课堂提问应当建立在本节课的授课中心上，顾及学生的知识水平与学习能力，尽量严密、清楚、简洁、有逻辑地组织问题；教师应有针对性地提问，不同的学生在理解能力、知识水平与表达能力等方面都存在差异，故设计的问题应该有由易到难的梯度，覆盖到所有学生，调动所有学生学习的积极性；教师在课堂提问时要机动灵活地选择提问方式与对象，并根据学生新生成的问题有效对话；课堂提问应当具有启发性，其目的是培养学生的独立思考能力与拆解问题、解决问题的能力；教师在提问的过程中应抱有与学生一起思考的态度，倾听学生的回答，并在学生回答问题后及时恰当地给予评价，以肯定、鼓励为主；教师在提出每个问题后都要留给学生足够的思考时间；要通过学生问答，即让学生参与到提问的环节中，让学生不再单一地与教师进行互动，而是进行更加多元的互动，引导学生深入思考、主动探究，从而发掘学生的学习潜能，培养学生自主学习与合作学习的能力。苏晓菲[35]从设置问题和教师提问题的时机两个方面阐述了课堂提问的技巧。关于设置问题，作者认为要从学生容易兴奋的点入手，从多种角度设置问题，师生间也可以互相设置问题；关于教师提问题的时机，作者认为在刚上课时，教师结合教材设置一个有趣的问题，不但可以让学生迅速进入学习的状态，还可以让学生以一种良好的心态开始学习。林钦彬[36]认为在初中英语教学中运用一定的提问技巧，可激励学生积极参与到课堂教学中，可及时帮助学生获得学习英语知识的方法与途径，这些技巧包括结合教材内容开展分层提问、结合学生兴趣设计话题提问、结合学生特点创新提问模式、结合教材内容有针对性地提问。杨帆[37]认为提问的合理性与有效性是提高课堂效率、提升教学效果、培养学生分析与解决问题能力的重要手段，教师所提问题必须具备针对性、启发性，提问得到的反馈需及时处理，提问量要适中。单贝贝[38]认为在设计问题时，教师要严格遵守启发性原则和交际性原则；在提问的过程中，教师要准备不同难度的问题，根据学生不同的学习水平选择更加合适的回答对象，让学生在回答问题的过程中能够更加充分地展示出自己的优点和不足；在提问时，教师要采用多种多样的形式，让学生带着乐趣回答问题，这样既能使学生更加快乐地参与到课堂中去，也能让他们通过回答问题获取更多的知识。汪晓荣[39]认为课堂提问要求教师先合理设计问题，问题不能太简单或者太难，要符合学生的认知水平，要力求科学严谨；提问的内容要贴合教学内容，最好是刚刚讲授的知识点，这样的问题更能够启发学生的思维，给学生更多的思考空间，进而提高教学的效率；提问要选择合适时机，针对学生兴趣。陈巧珍[40]认为教师在教学设计过程中需要对课程内容按照难易程度进行划分，针对不同学习能力的学生提出不同的问题，提高课堂提问的针对性，提升教学效果；教师在课堂教学中需要根据教学内容以及学生的实际情况选择适合的表达方式，教师需要加强与学生的沟通交流，了解学生的兴趣爱好以及日常生活，根据学生的实际心理特点调整提问方式以及沟通语气，提升提问的灵活性，提问时在关键的位置适当加重语气，并且根据学生的反应调整提问方式，确保学生能够完全接受学习内容。苗海珍[41]认为教师结合教学任务与学生的反馈情况科学设置提问环节，才可以让课堂提问发挥出最大的作用，对营造课堂学习氛围、提高教学效果产生积极的推动作用；教师应把课堂提问科学设置在课程教学过程中，注意创造一些让学生训练听力的机会和用英语回答的机会，这样可以有效提高学生的口语水平和英语沟通能力；在英语问题的设计上，教师应充分考虑到全班学生的平均水平，尽量以低于平均水平的难度提问，尽量创造让全班大多数学生都有回答问题的机会，并且问题的表述要清晰全面，问题提出后要先观察学生的反应。王琦萍[42]认为在初中英语课堂教学中，教师应围绕一个主题展开教学，对于不同层次的学生，教师可以使用不同的提问方法，为学生创设有针对性的问题情境，调动学生回答问题的积极性和主动性；在初中英语课堂提问时，教师要合理使用语言和语气，还要结合英语教材设计具有针对性的问题，以此激发学生探究英语知识的欲望，提高学生英语学习的效率。袭茜[43]认为在初中英语教学中，由于学生没有学习环境、教学方法单一、教学内容枯燥，学生学习英语的兴趣很弱，教师应通过课堂提问达到教学目标。吴瑞霞[44]认为初中英语教师在提问的过程中必须遵循一定的原则，从而保证学生可以有效地解答教师所提出的问题，并在解决问题的过程中逐步了解到各类知识的核心含义，从而保证初中英语教学质量；必须保证所奉行的教学理念与提问教学模式相一致，从而保证提问教学模式能够在初中英语教学过程中充分发挥出应有的作用；多元化的课堂提问方式是保证英语教学质量的关键，初中英语教师必须重视对提问方式的创新。

三、课堂提问有效性研究

黄永焕[45]认为提出一个好的问题是提高课堂提问有效性的重要环节，教师要精心设计每一个问题，重视课堂提问的科学性和艺术性，只有从课堂提问的各具体方面着手保证其有效性，才能从根本上提高教学效率，促进学生学习能力的培养、教师教学水平的提高和基本教学目标的达成，最终为教学工作的完善奠定坚实的基础。祁文彬[46]认为课堂教学是学生获取信息、锻炼提高多种能力和养成思想观念的主要渠道，其有效性可使教学目标得以落实、教学过程得以最优化、学生能力得以培养和提高，因此，提高英语课堂提问的有效性有助于提高英语课堂教学效果，实现有效教学和高效教学。朱烨晨[47]从实际问题出发，在国内外有关课堂提问有效性研究的基础上，以认知学习理论、最近发展区理论、建构主义学习理论和对话教学理论为指导，以初中数学课堂提问为研究对象，从问题、教师和学生这三个维度去研究初中数学课堂提问的有效性现状，并在实践的基础上探索初中数学课堂提问的有效性策略，认为开放型问题有效性程度高，要提高开放型问题的比例，高认知水平的问题要慎重选用选择型的提问方式，既要注意有效提问的普遍性，也要注意学生的差异性，要合理安排各类认知水平问题的候答时间，用鼓励性的提问方式和语调增强课堂提问的有效性。蔡梦丹[48]通过课堂观察法来分析教师的提问类型、候答时间、教师反馈和一些有效的提问策略，研究结果显示，教师比较喜欢用展示性问题，虽然参考性问题能够促进学生思维的开发，但他们仍然认为展示性问题要比参考性问题更容易把握课堂节奏，展示性问题必须根据学生的能力来设置；教师提问的候答时间相对较短，他们表示为了完成每节课的教学任务，并没有过多的时间来让学生思考问题，但是适当地延长候答时间可以提高学生参与课堂提问的积极性；教师表示他们更愿意用一些积极的反馈方式来鼓励学生回答问题，即使回答错了，也是通过引导纠正学生；教师表示提问类型的选择、候答时间的合理安排及反馈方式的正确使用都是有效的提问策略。孙圆[49]认为初中英语教师在进行课堂提问的过程中要创设一个好的提问情境，提问时不能用太过强硬的语气，这样会使学生丧失回答问题的信心，也会伤害学生的自尊心。初中生是一个较为敏感的学生群体，教师在教学时一定要耐心地激发学生学习英语的积极性和信心，所提问题不能太长或者太难，太长或者太难的问题会打击学生回答问题的积极性，甚至还会打击其学习英语的积极性。荆江云[50]认为提高课堂提问的有效性应从以下几个方面入手：一是采取巧妙的方法来制造信息差，不要有“明知故问”的问题；二是分层提问，面向全体；三是设计生活化的问题；四是以提问促进师生、生生间的交流。王伟[51]认为提问要有针对性，前后提出的几个问题间应当有内在联系，能将教学过程向前步步推进；课堂提问要与学生的认知能力相吻合，恰当把握“度”；设问应有意识地采取灵活且多元化的方式方法；提出的问题应精简扼要，指向明确；教师要对学生的回答进行积极评价。吴婵[52]根据有效教学、提问以及提问的有效性等概念并结合教师课堂教学的实施过程，以其实习学校的教师和学生作为研究对象，进行课堂观察、问卷调查和个人访谈，探讨怎样提高提问的有效性，研究表明：目前初中英语课堂提问不是十分有效，课本问题和展示性问题居多，对学生有帮助的参考性和真实性问题较少，教师的候答时间不足，大多数提问比较简单和机械；提问目的不明确，学生期待多问一些有意义的问题，而不是简单的 Yes or No 的问题，他们不喜欢教师点名，而是希望自愿回答问题，期望教师给他们留充足的时间去思考问题，期待教师给出更多的反馈；在英语教学中，有许多方法可以提高课堂提问的有效性，例如设计一些关键的问题、提问要有针对性等。陈华林[53]认为提高初中英语课堂提问的有效性，应加强教师的问题设计意识；提升代入感，发挥学生的主体性作用；合理控制问题回答时间，促进学生积极思考。郭周璞[54]认为提高初中英语课堂提问有效性的策略包括：科学合理地提出英语问题，使问题适合初中年龄阶段，能够被学生接受和理解，学生“跳一下”就能将问题解答出来；教师提出的问题要全面，不单从一个角度提出问题，而要从多个层次挖掘，将所学内容串联起来，运用层层递进的提问方式；教师对所提问题要有一定的计划和安排，依据事先准备好的问题，再结合当时课堂实际发生的情况进行提问，做到有的放矢，将这节课所要传授的英语知识以另一种形式告诉学生，切不可毫无章法地随意提问。李玲[55]运用课堂观察法、访谈法和录音转写法，通过对常规课和公开课的比较分析，对初中英语课堂提问的有效性进行了研究，研究结果显示：常规课和公开课有效提问的比例均在60%以上，公开课略高；低效提问集中于学生旧知识点的背诵和活跃课堂气氛阶段；常规课上教师更多地通过展示性问题来考核学生对文本知识的记忆和认知，让学生在问答中掌握基础知识，而公开课上教师偏向运用参考性问题让学生展开讨论以提升其语言综合运用能力；常规课上由课堂提问引发的学习小组内部互动较少，教师与全班同学互动较多，表明日常教学中教师习惯性向全班提问，致使小组合作学习匮乏；常规课和公开课上的大多数提问使用了至少一种提问策略，有的提问甚至使用了两种或两种以上提问策略，复述、探问和转问是使用频率较高的策略；在教师反馈中，常规课和公开课上教师更多地进行了正向反馈，但常规课上教师反馈通常是简单表扬，表扬的词汇比较单一、重复，而公开课上教师比较乐于对学生的回答进行评论并引导学生自己修正，使用的语言也更为丰富、自然。汪喜菊[56]认为提升初中英语课堂提问有效性，应强化课堂导入阶段的提问、强化教学重点的提问、利用提问增加课堂互动、注重语言文化的学习。崔瑞环[57]认为在英语课堂中有效的提问不仅可以激发和培养学生内在的学习动机，而且能够引导学生在课堂上利用目的语进行有意义的交际；研究发现，英语教师课堂提问存在提问内容的开放性程度低、教师提问以学生掌握知识为主却忽视对学生思维的培养、提问时经常出现连续提问、问题的层次感不明显、提问候答时间较短、提问反馈语以中性反馈语为主等问题，据此提出了“重视问前准备，提高问题内容的开放性；完善问题呈现方式，有效应对连续提问；面向全体学生，增加问题的层次感；把握提问时机，合理安排候答时间；建立反馈后追踪，提升教师反馈语的针对性”等策略。陆丽萍[58]认为教师在高中英语阅读教学中精心设计问题，能引导学生对语篇进行深入理解，从而激活他们的思维能力，促使他们思考和分析，最终促进其核心素养的全面提升。李金凤[59]认为教师有必要采取多种方式提高课堂提问的有效性，具体要做到：结合实际教学目标，根据教学内容的重点和难点，选准新旧知识间的衔接点进行提问；遵循思维特点，基于学生认知矛盾进行提问；精心设置问题，注重问题难度、梯度、角度。聂莹[60]认为耐心倾听、自主思考是学生学习的一种重要方式，教师应该注重培养学生的这种能力，要求学生学会“听”，明白“听什么”“怎么听”，即别人讲的时候要专心听清每一句话，且不要打断他人，一边听一边思考，养成独立思考的习惯；在课堂教学中，教师应努力培养学生的语言表达能力，“会问”是建立在“会听”和“会想”的基础上的，教师应当充分利用各种手段激发学生的自信心，让学生勇敢地表达自己的想法，主动地展示自己的问题；在学生提问的时候，教师要多鼓励，带着欣赏的眼光去看待学生的问题，尽量不要去批评、训斥学生，特别是胆小的学生，更不要急躁地打断他们讲话。

四、课堂提问艺术性研究

薛仙莹[61]认为提高外语课堂提问的艺术性，应做到：弄清问题的性质，采用不同的发问形式；每节课的提问要有总体设计；提问要把握时机，选择突破口；提问要注意难易适中，讲究实效；提问要能引起学生学习兴趣，有启发性，有利于发展思维。王廷义[62]认为提问要有目的性，提问的内容要紧扣教材和学生的知识水平，提问的形式要灵活、多变，提问要面向全体学生，以尊重学生为前提，提问的时机要适宜；问题要有价值，有启发性，有梯度，有开放性，有情趣和真实性，要新颖独特、简明扼要；问题数量要适中，提问的频率要适度，问题要有顺序性，留给学生思考问题的时间要充分，教师评价要体现公正性和激励性，要鼓励、引导和教会学生自己质疑提问。刘琴[63]认为课堂提问在内容设计上应做到问学生感兴趣的问题，问学生有难度的问题，问具有创造性的问题；关于提问对象，课堂提问应该面向全体学生，内容要有梯度和层次，避免让少数优秀学生或愿意表现的学生独占课堂问题；关于提问时机，应在导入新课时提问，在学生产生疑问处提问，在创新思维处提问；关于提问方式，提问要讲究策略，教师切忌总是单刀直入，或者自问自答，可以采用启发式提问，这样能教给学生正确的思维方法和方向，使学生找到问题的本质，或找到新旧知识的联系，从而理解、解决问题；关于提问态度，教师应创造一种和谐愉快的授课氛围，提问时，教师的表情应当亲切、和蔼，让学生感到平易近人，拉近师生间的距离。杜永来[64]认为艺术性地选择提问的内容必须注意五个问题，即所提问题要有明确的目的性，要有一定的开放性，要有适当的难度，要有一定的价值性，要有一定的趣味性；关于课堂提问对象的艺术性选择，必须注意全体性和变化性；关于提问方法的艺术性，所提问题必须具有一定的情境性、层次性，课堂提问要注重时机性和多样性，同时忌惩罚和忌讽刺；关于课堂提问评价的艺术性，教师在评价学生答案时，回答正确的教师要声音洪亮地充分肯定，答错或答不上来的教师要语气委婉，寄希望于下一次。盛林[65]认为英语课堂提问的艺术包括：激发学习兴趣，注意趣味性；因材施问，注意针对性；认真评讲，注意鼓励性。孙淑丽[66]认为教师要考虑通过提问让学生得到什么、思考什么和认识什么、形成何种能力或品质，课堂提问要有目的性、趣味性、针对性。唐侠[67]认为初中英语课堂对互动性的要求很高，需要教师在有效设定问题的同时注重提问的艺术性，提问语言要生动准确，提问时机要恰到好处，问题的涉众面要广，同时提问反馈要全面、及时、到位。曾毓全[68]认为素质教育提倡培养新型人才，现在的课堂教学不再是教师满堂灌，学生在教学中起到主体作用，要让学生充分参与到教学中来，成为学习的主人，要做到以上这些，课堂提问就应该讲究艺术性，教师要注意提问的技巧性，比如问题不能太过于呆板，提问要做到知识的迁移、要注意培养学生的主动思考能力等。马晨[69]认为良好的提问艺术是教师评估学生理解英语知识程度的一种重要手段，也是建立良好师生关系的一种有效方式，课堂提问要顾及学生的自尊心，方式要灵活，问题要具有严密性、有序性。丁赛红[70]认为课堂是师生活动的主阵地，课堂互动的效果会直接影响学生能力的提升，而有效互动来源于课堂环节的处理和课堂问题的巧妙设置，教师应在精心设计问题的基础上预留一定的空间，充分考虑到课堂上的偶发问题，及时、灵活、机智地处理，所设计的问题要具有整体性、启发性、趣味性，从而调动学生参与课堂教学的积极性，实现真正的高效课堂。魏天智[71]认为课堂提问并不是直白的一问一答，它需要一定的艺术性，提升初中英语课堂提问艺术性的策略包括：注重留白，凸显提问的新颖性；难易有度，凸显提问的条理性。陈怡[72]认为提问应注重趣味性，激活思维、循序渐进；提问应力求精辟性，一针见血、点到要害；提问应主张开放性，开发思维、训练智慧；提问应讲究留白性，鼓励思考、拓展想象。

五、小结

笔者通过对国内外有关英语课堂提问文献的梳理，得出如下结论。

（1）国外关于英语教师课堂提问的研究起源于 20 世纪初期，起步较早；由于英语教学进入国内的时间较晚，因此相应研究起步较晚。

（2）国外学者已从不同角度对英语教师课堂提问进行了研究，相关成果较多，已形成完善的理论体系；国内学者偏重实效研究，在课堂提问现状、提问技巧、提问有效性等方面的研究较深入。

（3）关于初中英语优秀教师课堂提问的研究成果较少，仍存在较大的研究空间。

综上所述，本研究拟在输入假说、输出假说、互动假说的基础上，借助 Bloom 教育目标分类学理论，通过对宁夏获得“一师一优课，一课一名师”部级优课的优秀教师进行课堂实录转录分析和访谈，结合问卷调查，分别就提问数量、提问类型、提问方式、候答时间、教师反馈进行调查和分析，以寻求提升初中英语教师课堂提问质量的途径，从而为提高宁夏乃至西北地区初中英语课堂教学质量做出理论探索。

第三章 理论基础

一、输入假说

美国语言教育家 Krashen 于 1985 年在其著作《输入假说：理论与启示》（*The input hypothesis: Issues and implications*）[73] 中提出输入假说，该假说是作者提出的五个系列假说（习得与学习假说、监控假说、自然顺序假说、输入假说和情感过滤假说）的重要组成部分。Krashen 认为，习得第二语言的必要条件有四个，分别为可理解性输入、兴趣和联系、非语法程序安排、充分的“i+1”输入。第一，可理解性输入是习得第二语言的关键，其包含两个层面：一是输入，没有输入就没有习得第二语言的基本条件；二是可理解性，如果对输入的信息理解有误，输入便失去意义。第二，无论是课外自学还是课堂教学，都要保证输入内容的趣味性和关联性，这样才能使语言学习者进行有效学习。第三，按语法设计的教学活动是违背语言认知规律的，也是低效的。将贴近生活的教学素材引入课堂，使语言学习者进行沉浸式学习才是高效的。第四，在“i+1”理论中，“i”代表语言学习者的现有水平，“+1”代表相对于现有水平难度略高的内容，充足的“i+1”输入量是学习第二语言的基础。

根据输入假说，Krashen 提出了两条推论：一方面，说是语言习得的结果，而不是起因，学习者的口语能力不是教会的，只有通过接受可理解的输入来提高语言能力，他们才能自然而然地获得口语能力；另一方面，如果学习者接触到的语言输入是可理解的，并且输入量足够，学习者就能自动地获得必要的语法。Krashen 认为，理想状态下的语言输入应具有以下特点：（1）可理解性。可理解的语言输入是语言习得的唯一途径，如果学习者不能够理解语言输入的信息，就不能习得语言。可理解性，是指对意义的理解，而非对形式的理解。学习者听到或读到的可以理解的语言材料的难度应该稍微高于学习者现有的语言水平。（2）输入量足够。语言输入的数量是语言习得发生的物质前提和基础，只有大量的语言输入（也就是大量地听或读，或者二者并重）才有语言习得。在这个过程中，学习者会自然吸收许多有用的语言材料和语言知识；否则，语言习得只是空话而已。（3）趣味性。学习者在接收语言材料时，只有减少心理障碍，自觉地对输入的语言信息进行加工，才能保证较高的信息吸收率。有研究表明，焦虑、自卑、抵触等情绪都会影响语言习得的质量。只有那些学习者不知道而又想知道的知识才能激发起他们的学习兴趣。因此，无论是课堂教学还是课外学习，输入的语言材料都要有意义、有趣味。(4) 非语法程序安排。Krashen 认为语言输入假说解决了一个长期存在的争端。有人说正规的课堂语言教学具有优势，有助于语言习得；也有人说自然语言环境下学习语言更好，至少不比正规学习差。Krashen 的解释是，当课堂教学是获得可理解的语言输入的主要来源时，正规教学是有效的。比较典型的例子是，当初学者发现自然语言环境中的语言太难理解时，课堂教学往往能向他们提供所需的可理解的语言输入。但是对水平较高的学习者来说，他们可以在自然语言环境中获得足够的可理解的语言输入，因此课堂教学的作用就不大了。不少研究者认为，输入假说将语言习得归功于语言输入或对语言的理解过于片面。Swain [74] 认为单纯的语言输入对语言习得是不够充分的，学习者应该有机会使用语言，语言的输出对语言习得同样具有积极的作用。杨红军 [75] 认为在语言习得过程中，学习者对目标语言不断地提出假设，并需要在使用语言中不断地对这些假设进行修正或调节。

Krashen 的输入假说架起了教学实践和语言学理论间的桥梁，揭示了在英语教学中应充分重视可理解性输入，同时设置难度略高于学生水平的问题。

二、输出假说

20 世纪 80 年代，第二语言习得研究的主导模式是信息处理理论（information processing），同时在加拿大法语教学中盛行沉浸式教学法。然而，加拿大的诸多实践和研究结果都与 Krashen 的输入假说相矛盾，这使得语言学家 Swain 对输入假说产生了质疑。Swain [76-77] 根据对当地学生法语教学研究的结果，提出了输出假说。该理论认为在语言习得过程中并不应该过分强调可理解性输入，起决定作用的是语言输出。随着研究的深入，Swain 进一步阐释了可理解性输出在习得第二语言中的三大功能：（1）注意/启动功能，即可理解性输出可令语言学习者注意到自身的不足，触发认知修正行为，从而获取新的知识。Swain 提出，在语言学习过程中，大部分学习者在遭遇学习障碍时会选择三种不同的应对措施，分别为搁置、通过检索知识库解决问题、加强对下次相关语言输入的重视。显而易见的是，后两种方法是较为积极的应对措施。Swain 在该理论中提出，在第二语言学习者输出目标语言时，如果有外部因素要求他们对输出内容进行句法加工，其输出内容会更加准确、恰当及完整。（2）假设/验证功能，即语言学习者在讲（或写）第二语言的过程中会根据对方的反馈调整自己在讲（或写）时对语言的假设。Swain 提出，第二语言的习得过程是一种对目标语言不断进行假设的过程，因此，语言输出是对目标语言的假设进行检验的最佳方式。在进行口语表达及交流时，语言学习者可以通过交流者的回应和反馈进行相应的调整。检验假设是第二语言输出活动的一个重要功能，即学习者会对目标语言进行相关假设，通过收集和分析外界反馈，对相关输出内容进行调整。在第二语言学习课堂中，学生会检验自身对目标语言所做的假设，从而把语言输出作为一种有效的验证方式。（3）元语言（反射）功能，即语言输出活动能够促使学习者对语言用法进行反思，有助于加深对所学语言的理解。学习者可以通过对目标语言的使用及与他人使用的对比，掌握目标语言的形式、结构及系统。在元语言活动中，语言学习者会通过对自身语言用法的反思以及运用自身语料库对目标语言进行分析，增强对目标语言形式、功能和意义间关系的认知，由此带来更好的语言内化效果。Swain 提出，学习者能够通过语言输出活动对复杂的认知任务进行处理，进而提升自身的认知和情感能力。

输出环节作为第二语言习得的重要组成部分，其作用主要体现在促进目标语言的吸收和内化方面。输出环节与输入环节对第二语言的习得具有同等重要的作用。输出假说以其革新的理念，在提出后即引起学术界的重视。虽然其有效性和适用性在一定程度上得到了验证，但是亦存在不完善之处。在理论建构方面，Bot K D 等 [78] 将输出假说的信息处理方法与 Levelt

的语言产出模型及 Anderson 的语言学习理论相结合，对输出假说的心理学机制进行了研究。他指出输出环节在第二语言习得机制中扮演着重要角色，它能够通过认知系统将输入的材料组成知识体系。输出环节可以有针对性地关注用于产出新的陈述性知识的可理解性输入。在分析评价方面，Krashen 对输出假说提出疑问，认为 Swain 的法语沉浸式教学研究中实验对象的表现也可以归因为不充足的可理解性输入在缺少输出的前提下获得高水平的语言能力，而没有直接证据证明可理解性输出与第二语言习得间的因果关系。Peker H 等 [79] 批判性地审查了输出假说，认为输出假说存在以下缺陷：对可理解性输出缺乏可操作定义，现有定义含糊不清；忽略学习者的动机和焦虑情绪；忽视学习者的多样性。孙彤 [80] 对输出假说的理论及教学实践进行研究后认为，输出假说的应用主要集中在互动、注意与反馈方面，可促进第二语言习得。

Swain 的输出假说从某种程度上可视为输入假说的理论延续，揭示了在课堂提问中应注重学生的可理解性输出。

三、互动假说

互动假说是美国语言学家 Long 最早于 1981 年提出的，并于 1996 年进行了重新阐释。该理论 [81] 认为，意义协商在习得语言过程中起到了关键作用，当谈话的双方发生理解困难时，需要根据对方的反馈调整语言，将其转化为可理解性输入，最终实现语言习得。由此可见，互动假说是在 Krashen 输入假说、Swain 输出假说的基础上加入“意义协商”这一决定性因素而提出的理论。Long 在其假说中融合了可理解的输入、调整后的输出和会话的思想体系，其基本观点是会话中的互动有助于第二语言习得。他与 Krashen 都认为第二语言习得首先是获得可理解的输入，而后运作内部加工机制。但 Krashen 认为输入可自行产生理解，Long 则重视可理解性输入的条件，即交际产生问题时，只有通过互动，被调整的输入才能变为可理解的输入。以他的观点来看，当本族语者和非本族语者在理解和表达方面遇到一些问题时，会各自调整语言以便进一步交流，尤其是本族语者会把自己的语言调整到适应非本族语者的水平。这会使互动继续进行并实现交际目的，并且能够提供可理解的输入。在交谈中本族语者通常会简化他们的语言、产生特定的非本族语者的语言特征以便非本族语者理解，如发音时适当放慢语速，发音更加清晰；词汇方面，少用俗语、习语，多使用高频词语；句法方面，使用简单句，少使用复杂句式等。毋庸置疑，本族语者简化的语言能促进学习者的理解，进而促进语言的习得。Long 在其修正的互动假说中提到互动的作用包括：获取可理解的输入、提供对语言形式的反馈和制造调整输出的机会。他认为互动通过有效方式连接了输入、学习者的内在能力和输出，促进了学习者中介语的发展。课堂互动促使意义协商的发生，增加可理解性输入，使学习者在交流中高度注意对方的语言并进行意义协商，所以课堂互动比教师单纯讲解可提供更多的语言输入机会，增加语言输入的数量。互动中的输入、输出有利于语言的学习。课堂互动可促进语言学习，或者说互动是学习的启动机制。互动可激活知识或信息产出，刺激学习者以后的学习。学习者的语言输出，可以促使教师调整语言输入，提高输入的可理解性。互动协商中调整的语言输入又作为新的语言信息反馈给学习者，推动学习者对其语言输出进行调整，提高输出的可理解性。总之，输入是语言习得的必要条件，输出是促进语言习得的充分条件，而互动是语言习得的有效方法或手段[82]。

互动假说对现今的第二语言学习和第二语言教学产生了深远的影响，其经历了较长的理论发展历程，主要包括三个方面的发展变化[83]：(1) 互动假说形成初期只对可理解性输入的作用进行了假定，而后期理论明确阐释了互动调整的作用机制；(2) 互动假说形成初期只提出了“正面证据”对语言学习者的促进作用，而后期理论补充阐释了“负面证据”对语言学习也是不可或缺的；(3) 后期的互动假说认为调整输出对语言学习能够产生极大的促进作用。

四、Bloom 教育目标分类学

1956 年，美国教育心理学家 Bloom 建立了教育目标分类学，并将教育目标分为认知、情感和动作三个领域 [84]。Bloom 将认知领域分为六个层次：知识，即对抽象或具体指示的认识和记忆；理解，即对事物初步的识别和领会；运用，即对知识的运用，把抽象概念应用于实际；分析，即把材料分解成清晰的要素，从而使内部关系更加明确；综合，即将分析作为基础，再次把各要素重组成整体；评价，即综合已有的信息、资料对事物本质做出客观判断。Bloom 将情感领域分为五个方面：注意，包括觉察、主动接受和有筛选性地接受；反应，包括默认状态的反应、主动状态的反应和心满意足的反应；价值评判，包括接收价值、特定的价值偏好和对某一种价值的笃定信奉；组织，包括对价值的定义和构建价值体系；基于价值体系或价值的性格化。Bloom 将动作领域按由低到高的顺序分为七个等级：感知，即通过感官获得并内化之后指导行为的信息；定向，即从心理层面和生理层面做好活动准备；指导性反应，即模仿和试做某个动作；机械动作，即自信和熟练地完成动作；综合外显反应，即能够熟练完成复杂动作；适应，即已经内化并可以根据不同环境对动作做出修正；创新，以高度发展的技能为基础结合不同的情境需要创造出新动作。

2009 年，Anderson [85] 将 Bloom 的教育目标分类学在认知领域进行了修改，将教育目标分为两个维度，即知识维度和认知过程维度。知识维度包括事实性知识、概念知识、程序性知识、元认知知识，认知过程维度包括记忆、理解、应用、分析、评价、创造，其中记忆、理解、应用属于初级认知水平，分析、评价、创造属于高级认知水平（见表 3-1）。

表 3-1　教育目标分类表（Anderson）

认知过程维度	知识维度			
	A. 事实性知识	B. 概念知识	C. 程序性知识	D. 元认知知识
1. 记忆				
2. 理解				
3. 应用				
4. 分析				
5. 评价				
6. 创造				

Bloom 教育目标分类学为英语教学提供了切实的理论指导，教师可根据这一分类体系，设立明确的教学目标，从而设计出有效的课堂提问。

第四章　研究设计

本研究基于学生调查问卷，从近3年来宁夏获得“一师一优课，一课一名师”部级优课者中随机抽取9位初中英语教师，对其课堂实录进行分析和转录，观察教师课堂提问的现状，包括提问数量、提问类型、提问方式、候答时间、教师反馈等，随后进行课后访谈，探究宁夏初中英语教师课堂提问存在的问题并提出改进措施。

一、研究问题

本书主要研究下列问题：

（1）宁夏初中英语教师课堂提问的现状如何？

（2）优秀初中英语教师在课堂上的提问数量有多少？提问类型、方式有哪些？候答时间一般为多久？教师反馈的特征有哪些？

（3）优秀初中英语教师在课堂上提出的问题侧重于哪种认

知层次？

（4）初中英语教师的课堂提问是否有效？需要哪些改进措施？

本研究设置问题时从三个维度切入：第一个维度是基于Bloom教育目标分类学，看所提问题是否符合从低层次认知到高层次认知；第二个维度是基于学生调查问卷，总结出提高英语教师课堂提问有效性的建议和意见；第三个维度是基于对9位获得部级优课教师的访谈，探究在英语课堂中教师提问值得借鉴和需要改进的方面。

二、研究对象

（1）本研究从宁夏5个市（银川市、石嘴山市、吴忠市、固原市、中卫市）各抽取2所初中学校，再在所抽取的学校中分别抽取2个班级，每班学生人数均为55人，共计1 100人，对其进行问卷调查，初步了解宁夏初中英语教师课堂提问的现状。

（2）从2015—2018年宁夏荣获“一师一优课，一课一名师”部级优课的20位初中英语教师中随机抽取9位（其中，七年级3位，八年级3位，九年级3位），将其课堂实录作为研究样本。将这9位教师的课堂实录转化成文字资料，研究其课堂提问数量、提问类型、提问方式、候答时间、教师反馈。

因部级优课是教育部从各个地区推选的优秀课例中逐层筛选出的，所以这9位优秀教师基本代表了宁夏初中英语教师的最高水平。这9位教师来自宁夏的不同地区，授课内容均为2012年人教版新目标七年级至九年级教材中的内容。课堂实录的授课时间为40分钟，教师均采用多媒体技术来授课，样本具有一定的代表性。这9位教师的基本信息见表4-1。笔者在研究课堂实录后分别联系了这9位教师进行访谈，以得到最后的研究数据。

表4-1　宁夏9位部级优课获奖教师基本信息

教师	性别	教龄	职称	授课年级	授课内容
T1	女	15年	中教高级	七下	Unit 1　Can you play the guitar?
T2	男	12年	中教一级	九	Unit 5　What are the shirts made of ?
T3	女	8年	中教二级	八下	Unit 3　Could you please clean your room?
T4	女	14年	中教一级	七上	Unit 6　Do you like bananas?
T5	女	5年	中教二级	八上	Unit 5　Do you want to watch a game show?
T6	男	15年	中教一级	七下	Unit 10　I'd like some noodles.
T7	男	20年	中教高级	八下	Unit 2　I'll help to clean up the city parks.
T8	女	9年	中教一级	九	Unit 4　I used to be afraid of the dark.
T9	女	13年	中教一级	九	中考专题写作训练 give advice

三、研究方法

本研究从近 3 年来宁夏荣获“一师一优课，一课一名师”部级优课者中随机抽取 9 位，对他们的课堂实录进行转录及分析，根据已有学者制定的课堂提问观察表，结合 Bloom 教育目标分类体系，对宁夏初中英语优秀教师课堂提问的特点和优缺点进行定量分析，最后对 9 位优秀教师进行访谈。本研究旨在提升宁夏初中英语教师对课堂提问的认识，让更多西北地区的教师关注课堂提问、优化课堂提问，提高课堂提问水平及有效性。

1. 问卷调查法

问卷调查法是教育研究中最常用的方法之一，也是一种实证研究方法。笔者随机在宁夏 5 个市（银川市、石嘴山市、吴忠市、固原市、中卫市）中各抽取 2 所初中学校，每所学校抽取 2 个班，每班 55 人，共计 1 100 人，对其进行问卷调查。本调查基于 Nunan [86]、Johnson [87] 对课堂提问的研究分类，关注学生对教师课堂提问的看法、问题的种类、学生对回答问题的态度、教师提问的候答时间等。需要指出的是，在设计调查问卷时参考了王亚冰 [88]、杨小苏 [89]、吴晓佳 [90] 的调查问卷，并对其进行了修改。问卷共包括 19 个问题，具体内容见表 4–2。

表 4-2　宁夏初中英语教师课堂提问调查问卷（学生卷）内容

问卷内容	所涉及题目编号
学生对教师课堂提问的态度	3、4、5、7、8
学生对教师课堂提问类型的回答	14、15、18
学生对教师课堂提问数量的回答	1、2、6
学生对教师课堂提问方式的回答	9、10、11
学生对教师候答时间的回答	12、13
学生对教师反馈的回答	16、17
学生对教师课堂提问的建议	19

2. 课堂实录转录分析

本研究以 9 位教师的课堂实录为研究样本，对其进行文字转录，并参考胡青球等 [91] 制定的大学教师课堂观察表、周紫玥等 [92] 采用的课堂提问行为分析工具（修改版）以及 Bloom 对教育目标在认知领域的分类，将教育目标分类表进行细化（见表 4-3），最终得到了教师课堂提问观察表（附录二），分别从优秀教师的提问数量、提问类型、提问方式、候答时间和教师反馈五个方面进行分析。

3. 教师访谈

访谈法是应用于教育研究的主要方法之一，指研究者与研究对象进行有目的的交谈，并对谈话记录进行研究的一种方法。笔者在征得宁夏 9 位部级优课获得者的同意后对其进行了访谈。访谈的主要内容是优秀教师对课堂提问相关概念的认

表 4-3　细化后的 Bloom 教育目标分类表

认知过程维度		知识维度			
		A. 事实性知识	B. 概念知识	C. 程序性知识	D. 元认知知识
1. 记忆	识别				
	回忆				
2. 理解	解释				
	举例				
	总结				
	分类				
	比较				
	推断				
3. 应用	执行				
	实施(使用)				
4. 分析	区别				
	组织				
	归因				
5. 评价	检查				
	评论				
6. 创造	产生				
	计划				
	生成				

识、对课堂提问的看法和对其他教师课堂提问的建议。

四、小结

首先，回收调查问卷，共回收 1 075 份，回收率为 97.7%。根据调查问卷的情况，分类统计学生答题情况，然后进行整理分析。其次，对 9 位教师的课堂实录依次进行文字转录并分析，依据教师课堂提问观察表（附录二）对 9 位教师的课堂提问从 5 个方面进行汇总整理。最后，笔者联系 9 位教师分别进行访谈，并对访谈内容进行文字转录，分析 9 位教师课堂提问的异同点。

第五章　结果分析

本章主要就研究数据和结果进行分析和讨论，以解决本研究所提出的问题。首先，分析问卷调查问题的数量和百分比，并对问题进行归类分析，了解宁夏初中英语教师课堂提问的现状和学生满意程度。其次，对 9 位教师的课堂实录进行转录并分析（基于附录二），分别从课堂提问数量、提问类型、提问方式、候答时间和教师反馈 5 个方面进行阐述，试图找到这些教师课堂提问的特点，并基于表 4–3 分析优秀教师课堂提问类型更侧重哪种层次的认知、提问是否有效。最后，基于对9位优秀教师的访谈，得出宁夏初中英语教师对课堂提问的认识并提出改进建议，以提升宁夏教师专业水平，促进宁夏教育改革。

一、学生问卷调查结果分析

1. 学生对教师课堂提问的态度

就学生对教师课堂提问的态度而言，共涉及 5 道题，分别是第 3 题、第 4 题、第 5 题、第 7 题、第 8 题。其中，第 3 题为单选题，其余 4 题为多选题。学生的答题情况如下。

第 3 题　在英语课堂上，你认为老师的提问对提高你的学习有帮助吗？ [单选题]

选项	小计	比例
A. 很有帮助	206 人	19.16%
B. 比较有帮助	829 人	77.12%
C. 帮助不大	31 人	2.88%
D. 没有帮助	9 人	0.84%

第 4 题　你认为老师的提问主要在哪些方面给你帮助？ [多选题]

选项	小计	比例
A. 可以加深自己对知识的理解	671 人	64.42%
B. 可以提高自己的口语表达能力	694 人	64.56%
C. 可以锻炼自己的胆量	256 人	23.81%
D. 可以帮助自己集中注意力，认真听课	250 人	23.26%

第 5 题　你认为老师的提问没有帮助的原因有哪些？［多选题］

选项	小计	比例
A. 英语基础薄弱，听不懂问题，所以无所谓	22 人	2.05%
B. 提问太浪费时间，不如老师自己讲效率高	14 人	1.30%
C. 老师所提的问题太简单，我都会	8 人	0.74%
D. 老师所提的问题太难，一般答不出来	13 人	1.21%

第 7 题　你愿意回答老师问题的原因主要有哪些？［多选题］

选项	小计	比例
A. 锻炼自己的能力（如胆量、表达能力）	938 人	87.26%
B. 在全班同学面前表达自己的观点很有成就感	384 人	35.72%
C. 希望引起老师注意，给老师留下好印象	201 人	18.70%
D. 老师点名，没办法	137 人	12.74%

第 8 题　你不愿意回答老师问题的原因主要有哪些？［多选题］

选项	小计	比例
A. 问题太难，不能确定答案是否正确	885 人	82.33%
B. 问题太简单，懒得回答	79 人	7.35%
C. 问题太枯燥，不感兴趣	103 人	9.58%
D. 害羞，知道答案，但不好意思回答	424 人	39.44%

由以上数据可知，77.12% 的学生认为教师的提问对提高英语学习成绩比较有帮助，只有 19.16%的学生认为很有帮助。这说明教师在备课时应该注重对问题的设计，提出的问题应该面向全体学生。就第 4 题而言，有 64.56%的学生认为回答教师提问可以提高自己的口语表达能力，有 64.42%的学生认为可以加深自己对知识的理解。因此，教师应该及时关注和思考课堂提问的目的。在认为教师课堂提问没有帮助的学生中，有 2.05%的学生认为自己的英语基础薄弱，听不懂教师提出的问题，这说明教师在提问时并没有关注到全体学生，使成绩稍弱的学生丧失了学习兴趣，这些学生会逐渐放弃英语学习，这点应该引起教师的反思。就第 7 题而言，有 87.26%的学生认为回答教师问题可以锻炼自己的胆量，说明学生希望通过回答教师的课堂提问来提升自我，绝大部分学生对课堂提问并不排斥。就第 8 题而言，有 82.33%的学生认为问题太难，不能确定答案是否正确。这说明教师在提出问题时没有顾及学生的最近发展区，提出的问题远远高于“i+1”。

综上所述，学生对教师课堂提问的态度是肯定的，学生希望通过在课堂上回答问题来积极地展示自己。然而教师在设计问题时并没有关注到全体学生，导致一部分后进生在课堂上听天书。此外，教师在设计问题时也没有考虑到问题的有效性。教师应该及时反思自己在课堂提问方面存在的问题，并认识到课堂提问的重要性。

2. 学生对教师课堂提问类型的回答情况

就教师经常在课堂上所提问题的类型而言，共涉及 3 道多选题，分别是第 14 题、第 15 题、第 18 题。学生的答题情况如下。

第 14 题 老师在课堂上经常提哪种类型的问题？［多选题］

选项	小计	比例
A. 只需 yes/no 回答的问题	169 人	15.72%
B. 简单重复单词或句子回答的问题	321 人	29.86%
C. 只有唯一答案的问题	225 人	20.93%
D. 有多个答案的问题	503 人	46.79%
E. 课本中能直接找到答案的问题	555 人	51.63%
F. 需要思考和组织语言才能回答的问题	788 人	73.30%

第 15 题 你期待老师在课堂上多提哪种类型的问题？［多选题］

选项	小计	比例
A. 只需 yes/no 回答的问题	223 人	20.74%
B. 简单重复单词或句子回答的问题	257 人	23.91%
C. 只有唯一答案的问题	208 人	19.35%
D. 有多个答案的问题	579 人	53.86%
E. 课本中能直接找到答案的问题	471 人	43.81%
F. 需要思考和组织语言才能回答的问题	713 人	66.33%

第 18 题　你最希望老师能经常在课堂上提哪类问题？［多选题］

选项	小计	比例
A. 能直接从课本中找到答案的问题	398 人	37.02%
B. 贴近学生生活的问题	518 人	48.19%
C. 与考试相关的问题（如选择题、主观题）	728 人	67.72%
D. 与社会热点有关的问题	181 人	16.84%

73.3%的学生认为教师在课堂上经常提出学生通过思考和组织语言才能回答的问题，51.63%的学生认为教师在课堂上提出的问题在课本中能直接找到答案。这说明教师在提问时有关注到对学生高阶思维的培养，但是绝大部分的问题还只是基于课本上呈现的内容，因此教师应多关注提问的类型。学生更期待回答需要思考和组织语言的问题（66.33%）、有多个答案的开放性问题（53.86%），说明学生更期待教师提出的问题具有灵活性、开放性、创造性，有助于培养高阶思维，而不是局限在初级认知水平上。67.72%的学生希望教师经常在课堂上提与考试相关的问题，有 48.19%的学生希望教师提出的问题能够贴近学生的实际生活。这就要求教师在设计问题时，能够将问题与学生的日常生活及考试结合起来，根据学生的认知水平和需求提出问题。

3. 学生对教师课堂提问数量的回答情况

第 1 题　在英语课堂上，你希望被提问的次数是多少？[单选题]

选项	小计	比例
A. 越多越好	613 人	57.02%
B. 1~2 次就好	403 人	37.49%
C. 无所谓	36 人	3.35%
D. 最好不要	23 人	2.14%

第 2 题　在英语课堂上，老师的提问频率是多少？［单选题］

选项	小计	比例
A. 总是	421 人	39.16%
B. 经常	535 人	49.77%
C. 有时	111 人	10.33%
D. 从不	8 人	0.74%

第 6 题　你在课堂上会主动回答问题吗？［单选题］

选项	小计	比例
A. 经常	429 人	39.91%
B. 偶尔	579 人	53.86%
C. 不会	67 人	6.23%

有 49.77%的学生表示教师经常在课堂上提出问题，说明教师课堂提问的频率较高。有 57.02%的学生希望在课堂上被提问的次数越多越好，说明学生期待得到在课堂上回答问题的机会，学生内心渴望得到教师和同学的关注。有 53.86%的学生会在课堂上偶尔回答问题，经常回答问题的学生只占 39.91%。为什么学生期待在课堂上回答问题却很少主动举手呢？是不是教师的提问方式或课堂反馈过于消极，导致学生害怕犯错或被教师批评，而不敢主动回答教师的提问？教师应该及时反思并关注孩子的内心世界，创造一种轻松、平等的课堂氛围。

4. 学生对教师课堂提问方式的回答情况

就教师课堂提问的方式，学生调查问卷涉及 3 道题——第 9 题、第 10 题和第 11 题，其中第 10 题为多选题，第 9 题、第 11 题为单选题。具体答题情况如下。

第 9 题　你认为你的老师在提问时有以下现象或习惯吗？[单选题]

选项	小计	比例
A. 总是提问成绩好的学生	73 人	6.79%
B. 总是提问成绩差的学生	22 人	2.05%
C. 喜欢按座位顺序提问	123 人	11.44%
D. 顾及全班同学	857 人	79.72%

第 10 题　你的老师经常使用哪种方式叫答？［多选题］

选项	小计	比例
A. 随意点名让学生回答	662 人	61.58%
B. 按照一定次序让学生回答（如学号顺序、座位顺序）	392 人	36.47%
C. 向全班提问，学生齐答	162 人	15.07%
D. 提出问题后，等待主动回答的学生	491 人	45.67%

第 11 题　你希望老师采用什么方式叫答？［单选题］

选项	小计	比例
A. 规律叫答（按一定次序）	398 人	37.02%
B. 无规律叫答（随意点名）	677 人	62.98%

79.72%的学生认为教师的提问能顾及全班同学，这点值得我们学习。就教师的提问方式而言，61.58%的学生指出教师通过随意点名叫同学回答问题，45.67%的学生指出教师等待学生主动回答问题。由此可见，教师叫答的次数远远高于学生主动回答的次数。教师提问方式过于单一，没有给予更多想要表达自己观点的同学回答问题的机会。62.98%的学生都希望教师无规律叫答。如果教师在课堂上经常规律叫答，可能会让学生只关注自己要回答的问题。当快轮到自己的时候，学生会处于紧张状态，焦虑感会增加，从而影响听课效果。而无规律的叫答方式会让学生减少焦虑感。

5. 学生对教师反馈的回答情况

谢春坤[93]提到，教师的反馈要以表扬为主，应做到恰当点评，多鼓励，少指责，少批评或者不批评。就教师提问后的反馈，学生的答题情况如下。

第 16 题　当学生回答完问题后，老师的反应通常是什么？［多选题］

选项	小计	比例
A. 不赞扬也不批评，没什么反应	61 人	5.67%
B. 经常只说“Good!”“Well done!”	441 人	41.02%
C. 有针对性地点评	396 人	36.84%
D. 让学生自己纠正错误	156 人	14.51%
E. 在回答问题时纠正学生的错误，引导学生说出正确答案	759 人	70.60%

第 17 题　当学生无法回答问题时，老师经常会怎么做？［多选题］

选项	小计	比例
A. 批评	556 人	51.72%
B. 重复该问题，期待学生回答	242 人	22.51%
C. 给予提示，引导学生回答	802 人	74.60%
D. 请别的学生回答	265 人	24.65%
E. 老师自己回答	30 人	2.79%

在70.6%的学生看来，教师会在学生回答问题时直接纠正学生的错误，引导学生说出正确答案。这虽然能让学生及时意识到自己的错误，但是如果全部由教师纠错，学生会降低自己纠错和相互纠错的意识。41.02%的学生提到教师在反馈时只说"Good！或Well done！"等。这些简单的词语虽是对学生的表扬和鼓励，但是反馈方式过于单一，无针对性。36.84%的学生认为教师会对每个学生进行有针对性的点评。教师对学生合理的反馈会激发学生的学习兴趣，好的反馈会积极地引导学生参与到课堂中来。在学生无法回答问题时，74.6%的教师会继续引导学生回答问题，51.72%的教师会批评学生。在学生回答不上问题时，教师积极正确的引导可能会让学生产生更加新颖的想法，而给予学生消极的反馈，会让学生丧失自信心，甚至产生抵触心理。

6. 学生对教师候答时间的回答情况

第12题　在提问后，老师一般留给学生多长时间思考？[单选题]

选项	小计	比例
A. 3秒以内	70人	6.51%
B. 3~5秒	290人	26.98%
C. 6~10秒	415人	38.60%
D. 10秒以上	300人	27.91%

第 13 题　你觉得老师提问后你有足够的时间思考吗？[单选题]

选项	小计	比例
A. 很充裕	733 人	68.19%
B. 再多点时间就更好了	292 人	27.16%
C. 不够，老师总是问完就叫同学回答	50 人	4.65%

38.6%的学生指出教师会给学生 6~10 秒的思考时间。绝大部分学生认为教师留的思考时间是足够的，但还有 27.16%的学生认为教师应再多留一些时间供思考，还有少部分学生认为教师留的思考时间不够。因此，教师应该反思：是否给学生充分的思考问题的时间？是否充分考虑到每个学生的认知需求？如果再多给学生一些时间，他们是否能够提出更有价值的、更与众不同的问题？

7. 学生对教师课堂提问的建议

通过对学生的答案进行归类，笔者发现学生对教师课堂提问的建议可以归纳为以下几点：

（1）希望教师上课时更温柔、幽默，课堂气氛更活跃，增强课堂的趣味性，让学生能更积极地回答问题；

（2）多提一些新颖、有趣、贴近学生生活的问题；

（3）通过一些趣味性游戏来引出问题，多鼓励学生；

（4）能够顾及每一个学生，更有耐心，不要忽略后进生；

（5）给学生更多的时间去思考问题，可以采用小组讨论的方法；

（6）上课时能多提问，多和学生互动，提出更多具有启发性的问题；

（7）应该给予不会回答问题的学生一些启示，引导学生回答问题。

综上所述，学生对教师课堂提问持积极、支持的态度。良好的课堂氛围和师生关系是有效组织课堂教学的关键。就问题的设置而言，教师应在提问方式上多多思考，循循善诱，通过不同形式的活动来激发学生的学习兴趣。如果教师多给学生鼓励性的反馈，学生会更加大胆地提出新的质疑。

二、优秀教师课堂实录数据分析

基于对 9 位部级优课获得者课堂实录的文字转录，笔者依据教师课堂提问观察表（附录二），从优秀教师的课堂提问数量、提问类型、提问方式、候答时间和教师反馈 5 个方面进行分析阐述。

1. 优秀教师课堂提问数量

从表 5-1 可以看出，一节课提问数量最多为 56 次，最少为 30 次，相差较大。T1 课堂提问的数量最多。除此之外，9位教师的课堂上都有学生主动质疑，这点是值得其他教师学习的。教学并不是教师满堂灌，教师课堂提问除了能够让学生对知识有更深的理解外，还可培养学生课堂提问和质疑的能力。因此，教师在课堂提问时，还要思考所提问题是否能进一步激发和引导学生在课堂上质疑并提出新的问题。

表 5-1　宁夏初中英语优秀教师课堂提问数量及比例

教师	问题总量/个	教师提问		学生提问	
		数量/个	比例/%	数量/个	比例/%
T1	56	41	73	15	27
T2	51	40	78	11	22
T3	52	47	90	5	10
T4	43	37	86	6	14
T5	41	37	90	4	10
T6	44	40	91	4	9
T7	40	31	77.5	9	22.5
T8	34	30	88	4	12
T9	30	28	93	2	7

比如 T2 在课堂上引出话题时，并没有直接告诉学生本课所讲内容，而是通过向学生提问（“When we talk about this topic，which question should we talk about?”）来鼓励学生向教师提出问题。此时，教师把课堂的主导地位交给学生，既能引导学生思考所学内容，又能将信息差原理运用在课堂教学之中，让学生能够主动地思考，这点是值得我们学习的。

2. 优秀教师课堂提问类型

本研究对修订版的 Bloom 教育目标分类学在认知领域的内容进行了细化（见表 4–3），将 9 位优秀教师所提出的每个问题与表对应并填写在表格内再进行统计分析（以表 5–2 为

表 5–2　T1 课堂提问所属知识维度和认知维度

认知过程维度		知识维度			
		A.事实性知识	B. 概念知识	C. 程序性知识	D. 元认知知识
1. 记忆	识别	1、3、7、10、33、45	15、47	29	
	回忆	8			
2. 理解	解释	2、44	31、37、38、39	54	
	举例	4、5、6、9、30、32			
	总结	11	26	34	
	分类				
	比较				
	推断	12			
3. 应用	执行	20、49	52、53	27、28、36、55	
	实施(使用)			22、23、24	
4. 分析	区别			16、17、18、19	
	组织		43、48	21	46
	归因				

续表

认知过程维度		知识维度			
		A.事实性知识	B. 概念知识	C. 程序性知识	D. 元认知知识
5. 评价	检查	50	40	41	
	评论		51		13、14
6. 创造	产生			25、35	
	计划				
	生成		56	42	

例)。Hunkins [94] 在研究中指出，用来考查学生知识水平和理解水平的问题为初级认知水平的问题，用来考查学生分析、综合和评价能力的问题为高级认知水平的问题。根据统计分析，9 位教师的课堂提问类型如表 5–3 所示。

表 5–3　宁夏初中英语优秀教师课堂提问数量及比例

教师	问题总量/个	初级认知水平问题		高级认知水平问题	
		数量/个	比例/%	数量/个	比例/%
T1	56	38	68	18	32
T2	51	30	59	21	41
T3	52	41	79	11	21
T4	43	33	77	10	23
T5	41	25	61	16	39
T6	44	29	66	15	34
T7	40	26	65	14	35
T8	34	23	68	11	32
T9	30	17	57	13	43

通过对教师课堂提问类型的分析，我们可以看出这 9 位优秀教师更倾向于提出初级认知水平的问题，而对于培养学生高阶思维的问题，有 2 位教师（T2 和 T9）达到了 40%以上，有 2 位教师（T3 和 T4）低于 30%。这 9 位优秀教师虽然对高级认知水平的问题有所重视，但提问数量还有待增加。Redfield 和 Rousseau [95] 的调查表明，在教学时如果高级认知水平的问题占比较大，会对学生的成绩产生积极的影响。所以教师如果只灌输教学内容，会不利于学生的发展，但帮助学生完善思维则有助于学生的成长。如 T3 在上完阅读课后，让学生根据所学内容就学生是否应该做家务展开辩论，这不仅能让学生巩固所学知识，还能激发学生运用高阶思维去生成新的内容。

3. 优秀教师课堂提问方式

在英语课堂中，教师必须灵活运用提问方式，让课堂充满生机和吸引力。课堂提问的回答主要有教师自问自答、学生集体回答、学生举手回答、教师点名回答和学生讨论回答。分析表 5-4 可知，优秀教师在课堂上通常将多种提问方式相结合。其中，自愿举手回答问题的学生占大多数，这说明优秀教师更提倡学生主动参与到课堂中来，比较尊重学生的选择。T1 和 T3 的课堂教学中，主动举手回答问题的学生数量达到了 50%。除了学生举手回答问题，教师还较倾向于让学生集体回答问题。对于有些难度的问题，教师也可以让学生讨论后回答。通过分析表 5-4 可以发现，学生讨论回答问题的次数并不多。新课程标准提倡小组合作，即学生通过合作获得所需知识。但在本研究中，9 位优秀教师一节课中学生讨论回答问题的次数较少，只有 T9 达到了 10%，T4 只有 2%。由此可以看出，教师对于提出的问题急于得到答案，忽略了学生思考的过程。如 T4 课堂上有学生回答错误时，教师并没有直接纠正，而是转问其他学生："Who can correct her answers?"此时没有学生举手，于是教师将问题重复了两遍后便自己回答了。这种处理方式需要改进，如果教师能让学生小组讨论后再回答，可能学

表 5-4 宁夏初中英语优秀教师课堂提问方式

教师	问题总量/个	教师自问自答		学生集体回答		学生举手回答		教师点名回答		学生讨论回答	
		数量/个	比例/%	数量/个	比例/%	数量/个	比例/%	数量/个	比例/%	数量/个	比例/%
T1	56	2	4	14	25	28	50	9	16	3	5
T2	51	1	2	11	21.5	24	47	11	21.5	4	8
T3	52	3	6	13	25	26	50	8	15	2	4
T4	43	4	9	11	26	21	49	6	14	1	2
T5	41	3	7	13	32	16	39	6	15	3	7
T6	44	2	4.5	13	30	18	41	9	20	2	4.5
T7	40	1	2.5	12	30	16	40	8	20	3	7.5
T8	34	1	3	11	32	15	44	5	15	2	6
T9	30	2	7	9	30	10	33	6	20	3	10

生会自己得到问题的答案。T1 在课堂中通过让学生提问来提高其语言运用能力。T1 在课上讲到情态动词“can”的用法时，请一个同学将自己会做的事情写在手上，让其他同学通过提问（“Can you...”）来猜测。通过这种方式，学生既感兴趣，又能生成很多新句型。比如一个同学问道：“Can you sing?”该生回答道：“Yes，I can. But it’s not my answer.”该生不但运用了课堂上所学的句型，还能根据语境进行简单的反馈，这是值得我们学习和思考的。

4. 优秀教师课堂提问候答时间

候答时间是完成教学对话的关键之一，当教师课堂提问的候答时间延长至 3~5 秒甚至更长时，会有更多学生参与到课堂活动中来。因此，当学生一旦开始回答问题，教师应该给予充足的时间，让学生意识到回答问题是一种责任。也有研究表明，在提出问题后给予较长的候答时间，能够提高学生回答问题的频率和质量。如果教师期待学生给出精确的、有创造性的回答，就应该耐心地等待。

由表 5–5 可以看出，除 T9 外，优秀教师的平均候答时间为 3~6 秒，说明教师留给学生思考的时间还是足够的。T9 的平均候答时间为 8.1 秒。造成这种现象的原因主要是其他 8 位优秀教师的优质课都选用自己的学生，师生间配合非常默契，而 T9 因为授课学生不是本班学生，且学生的英语水平处于中下等，因此 T9 会给予学生更多的时间来思考。面向全体学

表 5-5　宁夏初中英语优秀教师课堂提问候答时间

教师	平均候答时间/秒	最长候答时间/秒	最短候答时间/秒
T1	3.2	120	0.5
T2	3.9	126	0.75
T3	3.6	110	0.5
T4	4.8	130	0.8
T5	4.4	136	0.5
T6	4.6	108	0.75
T7	4.9	122	1
T8	6.5	140	1
T9	8.1	132	1

生，让学生能够有所收获，而不只是为了完成自己的授课任务，这点值得一线教师学习。教师的候答时间应该基于学生的反应，如果学生无法回答教师提出的问题，教师应该给予更多的时间让其思考，让每个学生都参与到课堂中来。相反，T8 在课堂上询问学生："Can you guess who they are according to my description?"问完后等候了 10 秒，并没有学生给出反应，此时教师又重复了 2 遍问题，但依然没有学生能回答出来，于是 T8 就自己把答案告诉了学生。T8 在这个问题的处理上有待商榷。当教师抛出问题但无人回答时，这说明教师提出的问题可能过难，此时教师应该多给学生时间思考或让学生以小组讨论的方式得出答案，而不是自问自答。

优秀教师会根据问题的难度确定候答时间的长短。还是以T8为例，其最长候答时间为140秒。T8在问“Did you use to be afraid of...?”时，给学生140秒的时间让其四个人一组来编对话。由于该问题属于开放性问题，所以教师给学生交流的时间很长，最后学生给出的答案也让人耳目一新。有一个小组的对话如下：

S1: Did you use to be afraid of the dark?

S2: Yes，I did. And I am still afraid of the dark，because I am shy and I think staying in the dark makes me terrified.

T5在写作课中讲到如何写影评时，并不是直接呈现文章的结构，而是给学生足够的时间去讨论与思考“What should we write at the beginning part，the body part and the ending part?”，再请不同的小组回答。这既锻炼了学生归纳总结的能力，又能面向全体学生。教师作为引导者、倾听者，应引导学生得到答案，而不是主导整堂课。

因此，教师在学生回答问题时切不可着急得到学生的答案，学生思考的过程远比答案重要。提问的目的是促进学生的深度思考，深化学生的理解、体验和感悟，扩大学生的知识面，拓展学生的思维，这才是有效的课堂提问。因此，对于简单的问题，教师可以给予稍短的时间；对于有难度的问题，教师可以给予更多的时间让学生思考。

5. 优秀教师课堂提问教师反馈

反馈分为三类：积极反馈、中性反馈、消极反馈。积极反馈包括对学生进行简单的表扬，如使用“good”“well done”“excellent”等；针对学生的问题，先给予表扬，再进行有针对性的点评；引导学生自己纠错或相互纠错。中性反馈，即教师对学生的回答不做评价。如 T1 问学生“Can you sing?”学生回答“Yes，I can.”，此时教师应对学生的回答给予反馈，然而 T1 只说了“Sit down.”。T1 对学生的回答没有进行及时的反馈，学生无法得知自己回答正确与否。消极反馈，即教师对学生的答案不满意，对学生进行指责或批评。

学生正确回答问题或完成任务并不能表示学生真正学会了，也不能证明学生对概念或内容的理解达到了预期的认知深度。教师不仅要判断学生学到了什么或者学生能够运用所学到的知识去做什么，还要了解学生能达到的回答问题的深度。Dillon [96] 曾说：“我们的目标不在于学生能够给出正确的答案，而在于答案产生的过程。”

从 9 位优秀教师的反馈形式（见表 5–6）可以看出，教师给出如“good”“well done”等单一反馈的数量达 50%左右，其中 T7 的单一反馈数量达到了 67.5%，单一反馈最少的为 T8，占 47%。如果教师一直只给学生单一反馈的话，学生无法进行深层次的思考，甚至会对课堂产生厌倦。因此，教师应该反思课堂的反馈形式。

表 5-6　宁夏初中英语优秀教师课堂提问教师反馈

教师	问题总量/个	无反馈		单一反馈		表扬+有针对性的点评		学生纠错		教师纠错		批评责骂
		数量/个	比例/%	数量/个	比例/%	数量/个	比例/%	数量/个	比例/%	数量/个	比例/%	数量/个
T1	56	5	9	28	50	9	16	5	9	9	16	0
T2	51	3	6	26	50	8	16	6	12	8	16	0
T3	52	2	4	30	58	8	15	4	8	8	15	0
T4	43	4	9	22	51	9	21	3	7	5	12	0
T5	41	2	5	21	51	11	27	3	7	4	10	0
T6	44	3	7	23	52	8	18	4	9	6	14	0
T7	40	2	5	27	67.5	6	15	2	5	3	7.5	0
T8	34	4	12	16	47	5	15	3	9	6	17	0
T9	30	0	0	15	50	4	13	3	10	8	27	0

教师通过提问可以和学生进行课堂对话，教师此时扮演一个引导者或助手的角色，引导学生加工或反思自己的对话。所以教师对学生的反馈应该以鼓励和有针对性的评价为主。比如 T6 在问完学生“Do you know special?”之后，紧接着问学生“Can you tell us about special ones?”，此时学生回答“Beef tomato egg noodles.”，这个答案是课本中没有的，但是也是正确的。此时 T6 说“You are very creative，I think maybe you'll be a good cook. After class，I hope you can make this special noodles and tell us if it tastes good，OK?”。教师不但对该生的创新能力

进行了肯定，还鼓励其下课后自己做出这种面尝一尝是否好吃。这种反馈方式会更有针对性，也能让学生更积极地参与到课堂中。紧接着，教师又问其他学生“Do you have other creative answers? I think all of you are good cooks.”，此时，其他同学纷纷举起手来表达自己的看法，许多超出课本范围的答案应运而生。教师如果能多给出鼓励和有针对性的评语，会激发学生的创造力。再比如 T2 在介绍非物质文化遗产时提到了中国的泥塑，教师问学生“Which question should we talk about?”，此时只有个别学生举手回答问题，接下来老师又说“It's ok，feel free to ask me any questions.”来激励学生向教师提问。经过教师的鼓励，学生们纷纷大胆地提出问题,如“Where are they made?”“How to make it?”“What are they used for?”“Who made it first?”。教师的鼓励，让学生的高阶思维得到了锻炼，让课堂变得有深度，这点值得我们学习。

从表 5-6 中我们也可以看出，教师纠错的频率远远高于学生自己纠错、相互纠错的频率。T9 教师纠错占 27%，在 9位教师中数量最多，T7 则为 7.5%，在 9 位教师中数量最少。如果学生回答错误，教师一味纠错，可能会使学生丧失信心而害怕表达自己的想法。因此，教师在教学过程中应该给学生多提供一些自我反馈和评价的机会，同时应该鼓励学生间互相反馈、互相评价。通过互相反馈和评价，学生既学会了评价别人，也学会了自我反馈和评价。

课堂反馈时要注意形式的多样化，切勿采取单一、机械化的方式，而应将多种反馈形式相结合，面向全体学生，让每个学生都有机会得到发展。

三、优秀教师访谈数据分析

为进一步了解宁夏教师课堂提问的现状，并为一线教师提供指导性意见，笔者对9位优秀教师进行了访谈，具体问题分析如下。

第一个问题：您对课堂提问的相关理论有所了解吗？有哪些了解？

T2表示对课堂提问的类型、功能、提问设计等都有较为系统的了解和认识，其他教师均表示不了解。这说明优秀教师对课堂提问缺乏理论认识。

第二个问题：您在备课时会花费多长时间设计或思考课堂上要提出的问题？

T1表示她会花费总备课时间的三分之一，T2、T3、T6表示会花费20分钟以上，甚至半小时到一小时；T5表示会花费一周以上的时间去构思；T7、T8、T9表示会花费半天到一天的时间。9位优秀教师纷纷表示如果授课内容较难的话，可能会花费更长的时间来构思。这说明优秀教师对课堂提问的重视程度很高，他们均认为教师的课堂提问会直接影响到学生学习的积极性和效果。

就一节课中的提问次数而言，9 位教师均表示要根据授课内容而定，比如写作课提问次数会略少，旨在把更多的时间留给学生去写作。课型、授课内容和难度均会影响提问次数，提问次数应该因材而定、因生而定，但是提问应该贯穿课堂教学，提问是和学生交流的一种有效方式。

就提问类型而言，9 位教师均表示会依据上课内容而定，但是问题必须多样化，如理解性、记忆性、开放性和综合性的问题等。T5 更倾向于向学生提出一些引导性和开放性的问题。T7 表示课堂提问不能仅仅局限于低层次认知的问题，而是应该根据不同层次的学生分层提出问题。

就候答时间而言，9 位教师均表示会根据问题的难易程度把握。T2 表示简单的问题会给学生 1~2 秒的时间思考，稍有难度的问题可能会控制在 2 分钟以内，比较有难度的问题会采取小组讨论的方式，给学生更多的时间去思考和讨论。

就教师反馈而言，9 位教师纷纷表示应该以鼓励为主，发现并肯定学生的闪光点，切不可盲目批评指责，以免打击学生的自尊心和自信心。如果回答错误，教师应请其他同学来帮助该生回答问题。T8 在学生回答错误时会自行纠正答案。T1 认为学生的回答体现了其思想和理解深度。教师应该对学生看待问题的闪光点和独特之处进行反馈，并适当地给出一些建议，引导学生加深思考。

就提问方式而言，9 位教师更倾向于叫主动举手的同学回答问题，有时也会根据座位顺序叫答。T4 表示会主动邀请程度较弱或不敢回答问题的学生回答。优秀教师提问时会尽量关注到每一个学生，基本上每个问题都会请不同程度的学生回答，以检查不同程度学生对知识的掌握程度。

此外，9 位优秀教师对提高课堂提问的有效性提出了自己的看法和建议。T2 认为提高课堂提问有效性的前提是教师充分备课，备课除了备教材、备学生、备教法外，还必须掌握学生的认知水平和能力。英语作为一门语言学科，对启发学生思维、提高学生人文素养具有重要意义，教师的课堂提问应该增加一些思考性、质疑性、文化渗透类的问题，应该给予学生足够的思考空间，培养并激发学生的质疑精神和探索精神。T8 认为教师在提问时应该由易到难，由低认知层次的问题到高认知层级的问题，循序渐进。T9 认为课堂提问应该激发学生的潜能和学习兴趣、引发学生深层次的思考。T4 认为教师提问时语言要尽量短而精，尽量少提出用 Yes 和 No 回答的问题，所提问题要符合学生的认知水平。T3 认为要根据课堂教学需要设计出指向明确的问题；提问的逻辑性要强；提出的问题要融合趣味性和新颖性。

由此可见，优秀教师虽然对课堂提问的相关理论知识没有系统性的了解，但对课堂提问的应用和有效性都有自己独到的见解，这也是优秀教师区别于普通教师的优点。

四、小结

通过对宁夏初中学生问卷调查的分析可以看出，宁夏初中英语教师课堂提问存在着许多需要改进的地方。通过分析9位优秀教师的课堂实录发现，9位优秀教师所提问题的认知层次虽略偏向于低层次认知，但其课堂提问的有效性明显高于一般教师，这点值得一线教师学习。结合对这9位优秀教师的访谈，笔者发现优秀教师虽然理论欠缺，但其能对课堂提问提出指导性意见，这也是值得其他教师反思和学习的。

第六章　结论与讨论

一、研究发现

1. 宁夏英语教师课堂提问现状

（1）大部分学生对课堂提问在学习中的作用持肯定态度，但仍有小部分学生认为课堂提问对学习没有帮助。

（2）教师提问没有面向全体学生。根据可理解性输入理论，教师所提出的问题没有达到“i+1”，或远远高于“i+1”，没有贴近每个学生的最近发展区。教师没有充分了解学生的原有知识水平，因而设计的问题有时过易，有时过难，导致一部分成绩好的学生觉得无挑战性，失去学习兴趣和动力；而后进生理解不了问题，对英语学习产生畏难心理，不敢举手主动回答问题。

（3）教师反馈形式过于单一，只给予简单的语言反馈，如“good”或“well done”。而当学生回答错误时，大部分教师都会自问自答，没有引导学生进行自我语言习得。根据互动假说，教师应通过调整反馈内容和语言，引导学生自己纠错或相互纠错。单一的反馈语言不能引导学生主动质疑，更不能引导学生向更深层次的问题和知识进行拓展和挖掘，无法达到可理解性输出。

（4）问题缺乏趣味性，不贴近学生的生活。教师在提问时没有用多种灵活有趣的教学手段来呈现问题，导致学生缺乏英语学习兴趣。

（5）教师个人素质参差不齐，导致部分教师教学观念落后，上课时缺乏亲和力和幽默感，使学生产生距离感甚至略微排斥心理。

（6）教师缺乏课后总结和反思，缺少向优秀教师学习的意识，课堂提问的相关理论知识匮乏，致使课堂提问水平停滞不前。

（7）教师提问方式不科学，主要以教师点名为主，没有给学生主动表述自己观点的机会。

（8）教师提问数量不少，但提问的内容过于简单，无广度和深度。根据 Bloom 教育目标分类学，教师提出的问题大多数属于初级认知水平的问题，不利于学生创造性的语言输出和高阶思维的培养。

2. 优秀教师课堂提问特征

（1）优秀教师提问数量合理，平均为 43 个，即基本一分钟提出一个问题。除了教师自己提出问题，还提倡和鼓励学生在课堂上质疑并提出问题。

（2）优秀教师课堂提问类型以初级认知水平的问题为主，但相比于普通老师，其高级认知水平的问题已经明显增加；根据 Bloom 教育目标分类学，优秀教师提出的问题覆盖初级认知水平的问题和高级认知水平的问题，与普通教师相比，优秀教师能提出更多培养学生高阶思维的问题。

（3）优秀教师的提问方式以学生举手回答问题为主，以学生集体回答和教师点名回答为辅，还有少量的教师自问自答和学生讨论回答问题。与普通教师相比，优秀教师会根据教学内容采取不同的提问方式，激发学生的语言输出兴趣。

（4）优秀教师的候答时间充足，能给学生足够的时间去思考。

（5）优秀教师对学生的反馈都为积极反馈，以鼓励为主，但绝大部分采取单一的语言反馈，如使用“good”或“well done”；鼓励性的语言和有针对性的评价较少；当学生出现错误时，优秀教师直接纠错比学生自己纠错和相互纠错的频率要高。

（6）与普通教师相比，优秀教师对课堂提问的相关理论同样没有深入的了解。

总之，本研究发现宁夏初中英语教师对课堂提问的理论认识匮乏，教师在课堂上会重视课堂提问，也希望运用不同的提问策略来激发学生的创新思维，培养学生的高阶思维，做到

"激疑启思"，但是由于课堂提问意识不强，对课堂提问的策略不够了解，也没有掌握足够系统和科学的提问技巧，导致课堂提问的有效性不高，还有许多需要改进的地方。

二、改进意见

在了解了宁夏初中英语课堂提问的现状，并分析了优秀教师的课堂提问后，本研究参考优秀教师提出的意见，经过详细的思考和论证，总结出初中英语课堂提问的改进建议，旨在提高课堂提问的有效性。

（1）加大教师培训力度，增进教师对课堂提问相关理论的了解。

在进行教师培训时，可邀请专家学者或有经验的一线教师进行课堂提问专题培训，也可通过座谈会、经验交流、案例分析等形式，让一线教师分享相关理论知识，使教师能重视课堂提问，提高教师的专业技能。

（2）教师备课时至少花三分之一的时间思考课堂上要提出的问题，要充分了解学生的认知水平，设计的问题要略高于学生的认知水平，达到可理解性输入强调的"i+1"。根据学生的不同理解水平进行对应的语言输入，课后及时反思课堂提问的有效性。

（3）课堂提问应具有启发性、创造性、层次性、探究性、全体性。

好的提问应该具有启发性，能够引发学生提出新的问题。教师应该鼓励学生自己提出问题，培养学生的提问意识，让学生学会质疑、学会自己探索知识和语言规律。课堂提问要以学生为本，兼顾全体学生，结合学生的认知水平，按照知识点的难易程度层层递进，有一定的坡度。教师可以 Bloom 教育目标分类学为参照设置问题，多方面、多角度地引导学生找到解决问题的方法，培养学生思维的灵活性、创造性和发散性。教师还应该留下一定的探究性空间，让学生在课后进一步去探究、思考。除此之外，课堂提问要求能让全体学生都参与思考，使全体学生都有被提问的机会，不要放弃或忽略后进生。

（4）营造良好提问环境，活跃课堂氛围。

教师应以轻松、幽默的语言来引导学生回答问题，给学生创设良好的课堂环境，构建平等、融洽的师生关系，消除学生的畏难情绪，培养学生学习的积极性，增强学生的学习兴趣，让学生体验成功的喜悦。在教学活动中，教师应该注重提问内容的趣味性和可理解性，最大限度地为学生提供可理解性语言输出。

（5）优化课堂反馈，灵活选择多种提问方式。

教师反馈以鼓励为主，鼓励要实事求是，既不夸大，也不缩小；鼓励要具体明确，投入情感。课堂反馈要重视个体差异，教师应根据学生反应随时调整。教师在肯定学生的同时，应当给予有针对性的评价和建议，使学生思维更加严密、更加开阔。除此之外，教师鼓励学生时应做到尊重学生、理解学生，尊重学生的发言和人格，不要滥用物质奖励。除了鼓励学生回答问题外，教师还要激发学生进一步思考，要学会追问，以拓展学生思维的深度。教师提问时应以学生主动回答为主，每节课尽可能让更多的学生参与回答，给每个学生回答问题的机会。课堂教学中，要变一言堂为全言堂，倡导小组合作解决问题，实现学生的可理解性输出。

三、不足与展望

本研究采用了问卷调查法、课堂实录分析法、访谈法等，研究方法较为科学合理。本研究针对宁夏初中英语教师的课堂提问现状提出了有针对性的建议，研究结果对改善英语课堂提问现状具有理论意义和实践意义。但是由于笔者研究能力有限，本研究依然存在一些不足之处。

（1）本研究只研究了宁夏初中英语课堂提问，研究的广度还不够，可能不具有很强的代表性，如果能对多个地区的课堂提问进行更深、更广的研究，将会对初中英语课堂教学的改革产生更大的影响。

（2）本研究选取了 9 位优秀教师进行课堂实录的分析，数据可能较小，如果将优秀教师的数量扩大，则会更有说服力。

（3）本研究应该增加教师访谈的数量，并且邀请更多优秀的、有经验的一线教师参与到研究之中，以弥补本研究的一些不足之处，本研究的时效性、信度和效度也会更高。

以上为本研究的不足之处，笔者力求在今后的研究中进一步完善，为初中英语教学做出更大的贡献。

参考文献

［1］ 中华人民共和国教育部. 义务教育英语课程标准(2022 年版)［M］. 北京:北京师范大学出版社, 2022.

［2］ CHUSKA K. Improving classroom questions:A teacher's guide to increasing student motivation participation,and higher level thinking[J]. Phi Delta Kappa,1995.

［3］ 王笃勤. 英语教学策略论［M］. 北京: 外语教学与研究出版社,2002.

［4］ 宋金若. 初中优秀英语教师课堂提问的调查与分析［D］. 石家庄:河北师范大学,2014.

［5］ 刘琴. 初中英语课堂提问技巧初探［J］. 中学生英语（高中版）,2014(2):12-13.

［6］ 王方林. 何谓有效的课堂提问[J]. 教育理论与实践,2002(7):45-47.

［7］ 陈羚. 国内外有关教师课堂提问的研究综述[J]. 基础教育研究,2006(9):17-20.

[8] STEVENS R. The question as a measure of efficiency in instruction:A critical study of class-room practice[M]. Montana: Kessinger Publisher,1912.

[9] 黄海鹰. 课堂提问的功能与应用技术[J]. 山东教育科研,1990(2):68-70.

[10] 梁志大. 课堂提问的功能、原则与艺术 [J]. 江西教育科研,1996(5):44-46.

[11] 傅惠钧. 略说课堂提问的功能和要求[J]. 修辞学习,1997(6):16-17.

[12] 姚安娣. 课堂提问的功能和技巧 [J]. 外国中小学教育,1998(2):33-35,39.

[13] 吴文海. 浅论课堂提问的功能[J]. 黔东南民族师专学报(自然科学版),1998(S1):93-94.

[14] 王凌志. 简论课堂提问的功能 [J]. 赤峰教育学院学报,2000(1):72-74.

[15] 段晋中, 张鹿樵, 吕军. 音乐课堂提问教学的功能及其原则[J]. 中国音乐学(季刊),2000(S1):39-41.

[16] 张宇. 大学英语教学中课堂提问的功能和技巧[J]. 山西广播电视大学学报,2010(3):64-66.

[17] 张冬梅. 重视课堂提问功能 实现政治课堂有效互动[J]. 职业技术,2010(4):16.

[18] 龙祎. 高职英语课堂提问功能及其语用前提的探讨[J]. 长江工程职业技术学院学报,2011,28(1):73-74.

[19] 崔文婷. 语文课堂提问的功能、类型和原则[J]. 学理论,2014(14):200-201.

[20] 冯丽. 大学英语课堂提问类型、功能和特点的语用研究[J]. 中国教育技术装备,2015(2):119-120.

[21] 季红琴. 高校英语教师课堂话语互动的人际功能——以教师课堂提问为例 [J]. 当代教育理论与实践,2015,7 (12):125-128.

[22] GERSTEIN M. The interplay between teacher questioning and student reasoning [D]. Rutgers,The State University of New Jersey,2017.

[23] 窦瑾,蔡稚梅,邵云. 物理课堂提问的功能、类型与原则[J]. 中学物理教学参考,2018,47(2):16-18.

[24] 杨志林,赵国民. 浅析初中英语课堂提问的类型及其功能[J]. 新课程导学,2019(7):44.

[25] 徐燕. 浅谈如何有效发挥课堂提问的功能 [J]. 学周刊,2019(30):86.

[26] 邹青. 言语行为理论框架下高中 EFL 阅读课堂提问的功能与策略研究[D]. 上海:上海师范大学,2020.

[27] 赵爱红. 新课程下小学英语课堂提问有效性研究[J]. 小学生(中旬刊),2021(3):16.

[28] 林珍玉. 浅议中学英语课堂提问技巧[J]. 读与写(教育教学刊),2015,12(11):128.

[29] 袁静. 浅谈中学英语课堂提问的技巧和对策 [J]. 校园英语,

2016(1):189.

[30] 吴锦秀. 英语课堂提问技巧之探究 [J]. 考试周刊,2016(7):87.

[31] 王政. 浅谈小学英语课堂提问的技巧 [J]. 英语画刊(高级版),2017(9):33.

[32] 付芸. 初中英语课堂提问的技巧和策略研究 [J]. 疯狂英语(教学版),2017(7):109-110.

[33] 康福. 论初中英语课堂提问技巧[J]. 青少年日记(教育教学研究),2017(11):115.

[34] 苏立平. 初中英语课堂提问技巧与学生的能力培养[J]. 新课程(中学),2018(1):189.

[35] 苏晓菲. 浅谈高中英语课堂提问技巧 [J]. 英语画刊(高级版),2018(3):77.

[36] 林钦彬. 初中英语课堂提问的技巧及策略管窥 [J]. 校园英语,2018(19):95-96.

[37] 杨帆. 中学英语教师课堂提问技巧研究——以湖北省荆州中学为例[J]. 校园英语,2018(41):121-122.

[38] 单贝贝. 初中阶段英语课堂提问方式与技巧 [J]. 英语画刊(高级版),2018(30):37.

[39] 汪晓荣. 课堂提问技巧在初中英语教学中的运用[J]. 新课程导学,2018(30):61.

[40] 陈巧珍. 关于课堂提问技巧在初中英语教学中应用的几点体会[J]. 考试周刊,2019(69):100.

［41］苗海珍. 课堂提问技巧在初中英语教学中的应用[J]. 中学生英语，2020(8)：138.

［42］王琦萍. 课堂提问技巧在初中英语教学中的作用与应用措施[J]. 知识窗(教师版)，2020(5)：10.

［43］袭茜. 课堂提问技巧在初中英语教学中的作用与策略[J]. 中学生英语，2021(4)：127.

［44］吴瑞霞. 浅谈初中英语教学中的课堂提问技巧[J]. 英语画刊(高中版). 2021(17)：64－65.

［45］黄永焕. 教师课堂提问有效性的研究 [J]. 学周刊，2016(6)：172.

［46］祁文彬. 浅谈英语课堂提问的有效性[J]. 中国校外教育，2016(7)：91.

［47］朱烨晨. 初中数学课堂提问有效性及其策略研究 [D]. 上海：上海师范大学，2016.

［48］蔡梦丹. 中学英语教师课堂提问的有效性[D]. 杭州：杭州师范大学，2016.

［49］孙圆. 新课程下初中英语课堂提问的有效性 [J]. 校园英语，2017(16)：116.

［50］荆江云. 探析小学英语课堂提问的有效性[J]. 校园英语，2017(21)：180.

［51］王伟. 提高课堂提问有效性方法初探[J]. 新作文(语文教学研究)，2017(6)：42.

［52］吴婵. 初中英语教师课堂提问有效性研究[D]. 贵阳：贵州师

范大学,2018.

[53] 陈华林. 初中英语教学中的课堂提问有效性策略[J]. 考试周刊,2018(65):120.

[54] 郭周璞. 初中英语教学中课堂提问有效性策略探究[J]. 文科爱好者(教育教学),2018(8):29,31.

[55] 李玲. 初中英语课堂提问的有效性研究[D]. 南昌:江西农业大学,2020.

[56] 汪喜菊. 浅谈初中英语课堂提问的有效性 [J]. 当代家庭教育,2021(17):181-182.

[57] 崔瑞环. 小学英语教师课堂提问有效性研究[D]. 上海:上海师范大学,2021.

[58] 陆丽萍. 高中英语阅读教学中课堂提问的有效性探究[J]. 英语教师,2021,21(6):81-83.

[59] 李金凤. 提高课堂提问有效性的几点思考 [J]. 数学大世界(中旬),2021(2):66.

[60] 聂莹. 打破常规,提升课堂提问有效性[J]. 陕西教育(教学版),2021(Z1):73.

[61] 薛仙莹. 外语课堂提问的艺术性[J]. 新乡师范高等专科学校学报,2007(4):150-152.

[62] 王廷义. 把握课堂提问的艺术性与科学性[J]. 辽宁教育,2009(4):17.

[63] 刘琴. 浅谈初中英语课堂提问的艺术性 [J]. 中学英语之友(下旬),2010(9):31.

[64] 杜永来. 浅议课堂提问的艺术性 [J]. 新课程(中学),2010(11):79.

[65] 盛林. 浅谈小学英语课堂提问的艺术性[J]. 新课程(中旬),2011(5):132.

[66] 孙淑丽. 浅谈英语课堂提问的艺术性 [J]. 吉林教育,2011(18):58.

[67] 唐侠. 初中英语课堂提问的艺术性探究 [J]. 新课程学习(下),2011(9):23.

[68] 曾毓全. 浅谈英语课堂提问的艺术性[J]. 语数外学习(英语教育),2012(12):29.

[69] 马晨. 论英语课堂提问的艺术性[J]. 校园英语,2015(8):190.

[70] 丁赛红. 英语课堂提问的艺术性策略[J]. 中学课程辅导(教师教育),2015(17):43.

[71] 魏天智. 初中英语课堂提问的艺术性 [J]. 西部素质教育,2019,5(12):242.

[72] 陈怡."教育就是智慧的训练"——课堂提问的艺术性探索[J]. 现代职业教育,2021(12):224-225.

[73] KRASHEN S D. The input hypothesis:Issues and implications [M]. New York:Longman,1985.

[74] SWAIN M. The output hypothesis:Just speaking and writing aren't enough [J]. Canadian Modern Language Review,1993(50):158-164.

[75] 杨红军. 第二语言习得理论中的语言输入假说 [J] . 读写算

（教研版），2014（5）：279.

[76] SWAIN M. Communicative competence: Some roles of comprehensible input and comprehensible output in its development [M] // Gass S, Madden C. Input in second language acquisition [M]. Rowley: Newbury House Publishers, 1985.

[77] SWAIN M, LAPKIN S. Problems in output and the cognitive processes they generate: A step towards second language learning [J]. Applied Linguistics, 1995, 16(3): 371–391.

[78] BOT K D, LOWIE W, VERSPOOR M. A dynamic systems theory approach to second language acquisition[J]. Bilingualism: Language and Cognition, 2007, 10(1): 7–21.

[79] PEKER H, OZKAYNAK O, ARSLAN Z, et al. A case study on the perceptions of professional development unit members at an EFL program[J]. World Council for Curriculum and Instruction, 2019(2).

[80] 孙彤. 输出假说下"说长法"在高中国际部雅思英语口语教学中的应用研究[D]. 哈尔滨:哈尔滨师范大学, 2021.

[81] LONG M H. The role of the linguistic environment in second language acquisition [M] // RITCHIE W C, BHATIA T K. Handbook of second language acquisition. New York: Academic Press, 1996.

[82] 孙文广. 基于互动假说的初中英语课堂教学模式研究[D]. 烟台:鲁东大学, 2013.

[83] 顾伟勤. 论“互动假说”的发展与局限[J]. 外语学刊,2010(5):94-97.

[84] BLOOM B, ENGLEHART M D, HILL W H, et al. Taxonomy of educational objectives,Handbook I:Cognitive domain[M]. New York:David Mckay,1956.

[85] ANDERSON L W,等. 布卢姆教育目标分类学修订版(完整版)——分类学视野下的学与教及其测评[M]. 蒋小平,张琴美,罗晶晶,译. 北京:外语教学与研究出版社,2009.

[86] NUNAN D. Language teaching methodology:A textbook for teachers [M]. New Jersey:Prentice Hall,1991.

[87] JOHNSON D. Teacher questions in the academic language-content classroom[J]. System, 1990(9):151-169.

[88] 王亚冰. 高中英语新手教师和专家型教师课堂提问的对比研究[D]. 上海:上海外国语大学,2012.

[89] 杨小苏. 初中低年级英语课堂提问现状的调查和研究[D]. 上海:华东师范大学,2011.

[90] 吴晓佳. 初中英语课堂教师提问现状的调查与分析 [D]. 上海:华东师范大学,2011.

[91] 胡青球,埃德·尼可森,陈炜. 大学英语教师课堂提问模式调查分析[J]. 外语界,2004(6):22-27.

[92] 周紫玥,何敏,鲁军,等. 高中信息技术“部优”课例提问行为特征分析[J]. 教育信息技术,2018(11):33-38.

[93] 谢春坤. 英语课堂提问及反馈策略[J]. 教学月刊(中学版),

2009(2):29-30.

[94] HUNKINS F. Teaching thinking through effective questioning [M]. Norwood:Christoper Gordon Publishers,1995.

[95] REDFIELD D L,ROUSSEAU E W. A meta-analysis of experimental research on teacher questioning behavior [J]. Review of Educational Research,1981,51(2):237-245.

[96] DILLON J T. Questioning and teaching:A manual of practice [M]. New York:Teachers College Press,1988.

附　录

附录一：宁夏初中英语课堂提问调查问卷（学生）

亲爱的同学：

你好！为了更好地了解宁夏初中英语课堂师生问答现状，让老师能够改进和提高，也让你们能够更好地学习英语这门课程，特地设计了这份问卷。该问卷专为学术研究所用，希望你能如实回答所提问题。这份问卷采取不记名方式，答案无对错、好坏之分，问卷结果一律保密。衷心感谢各位同学的积极参与和协作！

1. 在英语课堂上，你希望被提问的次数是多少？ [单选题]

○ A. 越多越好　　○ B. 1~2 次就好

○ C. 无所谓　　○ D. 最好不要

2. 在英语课堂上，老师的提问频率是多少？ [单选题]

○ A. 总是　　○ B. 经常

○ C. 有时　　○ D. 从不

3. 在英语课堂上，你认为老师的提问对提高你的学习有帮助吗？ [单选题]

○ A. 很有帮助 （请跳至第 4 题）

○ B. 比较有帮助 （请跳至第 4 题）

○ C. 帮助不大 （请跳至第 5 题）

○ D. 没有帮助 （请跳至第 5 题）

4. 你认为老师的提问主要在哪些方面给你帮助？ [多选题]

□ A. 可以加深自己对知识的理解

□ B. 可以提高自己的口语表达能力

□ C. 可以锻炼自己的胆量

□ D. 可以帮助自己集中注意力，认真听课

5. 你认为老师的提问没有帮助的原因有哪些？ [多选题]

□ A. 英语基础薄弱，听不懂问题，所以无所谓

□ B. 提问太浪费时间，不如老师自己讲效率高

□ C. 老师所提的问题太简单，我都会

□ D. 老师所提的问题太难，一般答不出来

6. 你在课堂上会主动回答问题吗？ [单选题]

○ A. 经常　　○ B. 偶尔　　○ C. 不会

7. 你愿意回答老师问题的原因主要有哪些？［多选题］

☐ A. 锻炼自己的能力（如胆量、表达能力）

☐ B. 在全班同学面前表达自己的观点很有成就感

☐ C. 希望引起老师注意，给老师留下好印象

☐ D. 老师点名，没办法

8. 你不愿意回答老师问题的原因主要有哪些？［多选题］

☐ A. 问题太难，不能确定答案是否正确

☐ B. 问题太简单，懒得回答

☐ C. 问题太枯燥，不感兴趣

☐ D. 害羞，知道答案，但不好意思回答

9. 你认为你的老师在提问时有以下现象或习惯吗？［单选题］

○ A. 总是提问成绩好的学生

○ B. 总是提问成绩差的学生

○ C. 喜欢按座位顺序提问

○ D. 顾及全班同学

10. 你的老师经常使用哪种方式叫答？［多选题］

☐ A. 随意点名让学生回答

☐ B. 按照一定次序让学生回答（如学号顺序、座位顺序）

☐ C. 向全班提问，学生齐答

☐ D. 提出问题后，等待主动回答的学生

11. 你希望老师采用什么方式叫答？［单选题］

○ A. 规律叫答（按一定次序）

○ B. 无规律叫答（随意点名）

12. 在提问后，老师一般留给学生多长时间思考？［单选题］

○ A. 3 秒以内　　○ B. 3~5 秒

○ C. 6~10 秒　　○ D. 10 秒以上

13. 你觉得老师提问后你有足够的时间思考吗？［单选题］

○ A. 很充裕

○ B. 再多点时间就更好了

○ C. 不够，老师总是问完就叫同学回答

14. 老师在课堂上经常提哪种类型的问题？［多选题］

☐ A. 只需 yes/no 回答的问题

☐ B. 简单重复单词或句子回答的问题

☐ C. 只有唯一答案的问题

☐ D. 有多个答案的问题

☐ E. 课本中能直接找到答案的问题

☐ F. 需要思考和组织语言才能回答的问题

15. 你期待老师在课堂上多提哪种类型的问题？［多选题］

☐ A. 只需 yes/no 回答的问题

☐ B. 简单重复单词或句子回答的问题

☐ C. 只有唯一答案的问题

☐ D. 有多个答案的问题

☐ E. 课本中能直接找到答案的问题

☐ F. 需要思考和组织语言才能回答的问题

16. 当学生回答完问题后，老师的反应通常是什么？［多选题］

☐ A. 不赞扬也不批评，没什么反应

☐ B. 经常只说“Good!”“Well done!”

☐ C. 有针对性地点评

☐ D. 让学生自己纠正错误

☐ E. 在回答问题时纠正学生的错误，引导学生说出正确答案

17. 当学生无法回答问题时，老师经常会怎么做？［多选题］

☐ A. 批评

☐ B. 重复该问题，期待学生回答

☐ C. 给予提示，引导学生回答

☐ D. 请别的学生回答

☐ E. 老师自己回答

18. 你最希望老师能经常在课堂上提哪类问题？［多选题］

☐ A. 能直接从课本中找到答案的问题

☐ B. 贴近学生生活的问题

☐ C. 与考试相关的问题（如选择题、主观题）

☐ D. 与社会热点有关的问题

19. 你认为老师怎样做会使你更加积极地思考、讨论、回答问题？［问答题］

附录二：教师课堂提问观察表

教师姓名：　　　　　　　授课内容：

<table>
<tr><td>提问数量</td><td colspan="3">教师提问数量：________</td><td colspan="3">学生提问数量：__________</td></tr>
<tr><td rowspan="12">提问类型</td><td colspan="2" rowspan="2">认知过程维度</td><td colspan="4">知识维度</td></tr>
<tr><td>A.事实性知识</td><td>B. 概念知识</td><td>C. 程序性知识</td><td>D. 元认知知识</td></tr>
<tr><td rowspan="2">1. 记忆</td><td>识别</td><td></td><td></td><td></td><td></td></tr>
<tr><td>回忆</td><td></td><td></td><td></td><td></td></tr>
<tr><td rowspan="6">2. 理解</td><td>解释</td><td></td><td></td><td></td><td></td></tr>
<tr><td>举例</td><td></td><td></td><td></td><td></td></tr>
<tr><td>总结</td><td></td><td></td><td></td><td></td></tr>
<tr><td>分类</td><td></td><td></td><td></td><td></td></tr>
<tr><td>比较</td><td></td><td></td><td></td><td></td></tr>
<tr><td>推断</td><td></td><td></td><td></td><td></td></tr>
<tr><td rowspan="2">3. 应用</td><td>执行</td><td></td><td></td><td></td><td></td></tr>
<tr><td>实施(使用)</td><td></td><td></td><td></td><td></td></tr>
</table>

续表

<table>
<tr><td rowspan="8">提问类型</td><td rowspan="3">4. 分析</td><td>区别</td><td></td><td></td><td></td><td></td></tr>
<tr><td>组织</td><td></td><td></td><td></td><td></td></tr>
<tr><td>归因</td><td></td><td></td><td></td><td></td></tr>
<tr><td rowspan="2">5. 评价</td><td>检查</td><td></td><td></td><td></td><td></td></tr>
<tr><td>评论</td><td></td><td></td><td></td><td></td></tr>
<tr><td rowspan="3">6. 创造</td><td>产生</td><td></td><td></td><td></td><td></td></tr>
<tr><td>计划</td><td></td><td></td><td></td><td></td></tr>
<tr><td>生成</td><td></td><td></td><td></td><td></td></tr>
<tr><td rowspan="2">提问方式</td><td>教师自问自答</td><td>学生集体回答</td><td>学生举手回答</td><td>教师点名回答</td><td>学生讨论回答</td></tr>
<tr><td></td><td></td><td></td><td></td><td></td></tr>
<tr><td rowspan="2">候答时间</td><td>0~3 秒</td><td>3~5 秒</td><td>6~10 秒</td><td>> 10 秒</td></tr>
<tr><td></td><td></td><td></td><td></td></tr>
<tr><td>教师反馈</td><td>无反馈</td><td>单一反馈（使用“good”或“well done”）</td><td>表扬+有针对性的点评</td><td>学生纠错</td><td>教师纠错</td><td>批评责骂</td></tr>
<tr><td></td><td></td><td></td><td></td><td></td><td></td><td></td></tr>
</table>

附录三：教师访谈提纲

访谈日期：　　　　　　　　教师姓名：

1. 您对课堂提问的相关理论有所了解吗？有哪些了解？

2. 您在备课时会花费多长时间设计或思考课堂上要提出的问题？

3. 您认为一节课提问多少次是合理的？

4. 您在课堂上经常提哪种类型的问题？

5. 在提出一个问题后，您一般会留多长时间给学生思考？

6. 学生回答完问题后，您通常会给予怎样的反馈？

7. 您通常采用什么方式请学生回答问题？

8. 您对提高教师课堂提问的有效性有什么建议吗？

附录四：优秀教师课堂实录问题的文字转录

T1

1. How are you today?

2. 学生:Why are you unhappy?

3. Let's start our class. Are you ready?

4. Let's sing and chant. Ready?

5. Do you know what's in picture 1?

6. How about this one?

7. This picture, who knows?

8. Let's read twice, OK?

9. Can you read this phrase?

10. What about this one?

11. Let's watch a video, and answer my question. Are you clear?

12. What can Jack do?

13. Are there any mistakes in this video?

14. What do you think of Jack?

15. What else?

16. What can you do?

17. Can you sing?

18. Can you cook?

19. Can you play computer games?

20. Can you wash clothes?

21. Can anyone guess what he can do?

22. Who would like to guess?

23. 生生:Can you play basketball?

24. 生生:Can you play the guitar?

25. 生生:Can you play chess?

26. 生生:Can you jump?

27. 生生:Can you get up early?

28. 生生:Can you speak English?

29. 生生:Can you sing?

30. 生生:Can you swim?

31. 生生:Can you wash your clothes?

32. 生生:Can you do your homework?

33. 生生: Can he do his homework on time?

34. 生生:Can she swim?

35. 生生: What can she do?

36. Can she...?

37. Let's watch a micro video to learn more about the usage of "can", OK?

38. Are you clear about "can"?

39. The second one, let's make a sentence. Who knows?

40. The last one. Who would like to try?

41. Let's do some exercise. Who wants to try?

42. Can you finish this one?

43. Do you know the poster?

44. Open your books and finish 3b. Who wants to come to the blackboard?

45. Have you finished? OK, let's check.

46. How to write a poster?

47. Let's work in groups to design your poster, OK?

48. Did you finish your poster?

49. Can you read your poster to others?

50. Who would like to share your poster to us?

51. What else?

52. What can your group do?

53. Who would like to come here to show your group conversation?

54. 学生：What can you do? Please show yourself.

55. Can you summarize what have we learned today?

56. Can you help your parents do their housework?

T2

1. When we talk about this topic, which question should we talk about?
2. What is intangible culture?
3. It's an important culture, understand?
4. Who can tell me what's the video about?
5. What's the teacher's opinion?
6. What's the video about?
7. What's your opinions about intangible culture heritage?
8. Have you finished?
9. Who has different ideas?
10. Is he right?
11. 生生：Can you ask me any questions about them?
12. 学生问老师：Where are they made?
13. 生生：How to make it?
14. 生生：What are they used for?
15. 生生：Who made first?
16. Can you say something about shadow fingers?
17. Which group wants to show your conversations?

18. How many parts? What are they?

19. What's the main idea of each paragraph?

20. Which information do you know?（教师追问）

21. Do you think so?

22. 生生：What are they used for?

23. 生生：Why would Chinese people love lanterns?

24. 生生：What's the best title?

25. 生生：Do you know what's lanterns in Chinese?

26. Can you make conversations with your partner?

27. Why do you like clay art?

28. Which pair can show your conversation?

29. 生生：Why is Chinese clay art famous?

30. 生生：What are they made of ?

31. Do you know how to make clay figures? Please read and fill in the chart.

32. Who can go here to finish on the blackboard?

33. Have you finished?

34. Let's enjoy a video. What do they look like?

35. Are they beautiful? Do you like them?（全班）

36. Who made first?

37. Where are they made?

38. Now, please draw a mind map of Clay Figure Zhang, OK?

39. Which group wants to show your discussion?

40. 生生：Who made Clay Figure Zhang?

41. Where are they made? How long have it been made?

42. Why is it special?

43. How to make it?

44. Let's write a letter about Clay Figure Zhang, what should we pay attention to?

45. Do you know how to write it?

46. Have you finished your writing? Who can read your writing?

47. What do you think of his writing?

48. They look lovely and real. Is this sentence, right?（全班）

49. Here are the good sentences. Do you think so?（全班）

50. Is it a good writing?

51. What have you learned from this class?

T3

1. Look at this picture. What's the title of this class?

2. Which group wants to translate this phrase?

3. Who else?

4. Do you like games?

5. What's the picture about?

6. Do you like doing chores?

7. Does Nancy like doing chores at home?

8. And why?

9. Anything else?

10. What's the meaning of "waste of time"?

11. Does her mother agree with her?

12. Do you understand reading strategies?

13. How many reading strategies can you see?

14. What are they?

15. What can we learn from the picture?

16. What can we get from the title?

17. Who are they?

18. What are they writing about?

19. So we can get the topic from the title, right?

20. Who can read it for us?

21. So how to skim?

22. What can we get from skimming?

23. What are their opinions?

24. Which one is correct?

25. Can you make a choice?

26. Have you finished?

27. Why do you choose A?

28. Do you understand "scanning"?

29. What are their reasons? Let's listen and fill in the blanks.

30. When you find out some important sentences, please write down on your books, OK?

31. Is this your paper?

32. Could you please read it for us?

33. Is it dependent or independent?

34. Can you make it into a right position?

35. How many reasons are there in letter A?

36. What's the meaning of some linking words?

37. Can you give me some examples of linking words?

38. How many reasons are there in letter B?

39. Can you retell these reasons to the whole class?

40. Did you do that on your books?

41. Can we retell the whole letters?

42. Which group wants to have a try?

43. 生生: Should young people do chores at home?

44. 生生: Who will be the first debater? / Which side do you support?

45. After watching the video, let's talk about this topic, OK?

46. Let's have our show time, OK?

47. Who wants to try?

48. 生生: What do you think of children are doing housework at home?

49. 生生: Do you think children should do housework at home?

50. 生生: Can I ask you some questions?

51. Do you think ... is a good reporter?

52. Your homework is to write a letter and show me your answers about housework, OK?

T4

1. Do you like this song? Please sing together.

2. Do you like oranges?

3. Do you like apples?

4. What do you like for breakfast?

5. What do you like for lunch?

6. What do you like for dinner?

7. Miss Li likes oranges for breakfast, because it's healthy, are you clear?

8. Which food do you think is healthy?

9. Is she right?

10. What's the Chinese meaning of "unhealthy"?

11. What's the Chinese meaning of "maybe"?

12. Do you know the title?

13. Look at the picture and title, does she eat healthy?

14. How do you know she eats healthy?

15. Can you read the title together?

16. Listen and circle the food words, are you clear?

17. Which word did you circle?

18. Ice-cream, right?

19. What else did you circle?

20. 生生：What does Cindy like for breakfast?

21. 生生：What does Cindy like for lunch?

22. 生生：What does Cindy like for dinner?

23. 生生：What doesn't Cindy like for breakfast?

24. 生生：What doesn't Cindy like for lunch?

25. 生生：What doesn't Cindy like for dinner?

26. Do you know fruit?

27. Can you have a try?

28. Why does Cindy like fruit?

29. Why doesn't Cindy like fruit?

30. Why doesn't Cindy eat ice-cream?

31. Can you read the passage and fill in the chart?

32. Can you make a sentence?

33. Write five sentences about Cindy's eating habits, clear?

34. Who wants to share your answers?

35. Is she right?

36. Can you retell Cindy's eating habits?

37. I will give you 2 minutes to prepare. Are you clear?

38. Can you have a try?

39. Who can correct her answers?

40. What do you think of her eating habits?

41. Do you have a good eating habit?

42. After class, can you read this passage by yourself ?

43. Can you ask your parents about their eating habits?

T5

1. Do you like watching movies?

2. Who is your favourite movie character?

3. Can you sing it for us?

4. Can you guess who is my favourite movie character?

5. 生生: Who is she?

6. Is it a boy or a girl?

7. Do you like her?

8. Why does she dress up like a man?

9. Take one's place, what does it mean?

10. 生生:Is she brave?

11. What do you think of her?

12. Do you know movie review?

13. How many paragraphs?

14. Where is the beginning?

15. Where is the ending?

16. Can you find it?

17. How to write the ending?

18. Where is the body?

19. In which paragraph?

20. How do I write the body?

21. How to write a movie review?

22. What's the meaning of "topic sentence"?

23. Can you read the topic sentence?

24. Can you find the ending?

25. What about the body part?

26. 生生:Who are they?

27. Have you seen the movie?

28. What's the kind of the movie?

29. What's the movie about?

30. 生生:What do you think of *Tom and Jerry*?

31. What do you learn from them?

32. What do you think of the movie?

33. Do you want to be good writers?

34. What do you think of her handwriting?

35. Can you read it?

36. Is this sentence, right?

37. Who has different opinions?

38. Can you find some good sentences?

39. Can you work in groups to find out what's the best movie review in your group?

40. And what's the good sentence in the passage?

41. Which group wants to show your article?

T6

1. What kind of food do you know?

2. Anything else?

3. How about you?

4. Do you know this food?

5. What's this in English?

6. What are they?

7. Do you know this one?

8. Who can tell us?

9. Who knows?

10. Do you know countable nouns and uncountable nouns?

11. Which words are countable nouns?

12. Which words are uncountable nouns?

13. OK. Have you finished?

14. Do you agree with him?

15. What's the usage of countable nouns and uncountable nouns?

16. Can you read them?

17. What do you want?

18. How about you?

19. What does she want?

20. Can we repeat again?

21. What would you like?

22. Who is she?

23. Do you like her?

24. What would she like?

25. What would he like?

26. It's an uncountable noun, are you clear?

27. Who are they?

28. So, what would they like?

29. Do you agree with her?

30. Can you share your opinion?

31. Who can make a short conversation?

32. What kind of noodles would you like?

33. What kind of noodles would she like?

34. Do you know “special”?

35. Can you tell us about special one?

36. Is she right?

37. 生生:May I take your order?

38. 生生:What kind of noodles would you like?

39. 生生:What size would you like?

40. 生生:Do you have juice?

41. What have you learned today?

42. How to say “特色,特价菜”?

43. Do you remember?

44. Can you make a special food for your parents?

T7

1. Are you ready for class?

2. What's day is it today?

3. What's the date today?

4. How's the weather?

5. What are the teachers doing?

6. What's the meaning of "volunteer"?

7. Do you want to know other volunteers?

8. 生生:Where are the volunteers?

9. What do they do to help others?

10. Do you like it?

11. What else?

12. 生生:What do they do at the hospital?

13. 生生:What do they do in the neighbourhood?

14. 生生:At school, what do they do?

15. What about volunteers?

16. How do you know that?

17. Do you want to be a volunteer?

18. Who can use this word to make a sentence?

19. Do you want to help them?

20. What do you want to do?

21. Anyone else?

22. Do you have other good sentences?

23. There are 4 places, what are they?

24. 生生:Do you want to help others?

25. Can you choose a place and find your right position?

26. What's your group name?

27. Who are you going to help with?

28. 生生:What can you do?

29. 生生:When will you help others?

30. 生生:Where can you help others?

31. 生生:Who would like to show your cards?

32. Are you clear?

33. Is he right?

34. Do you have different answers?

35. What do you think of his answer?

36. How many scores can this group get?

37. Who is the lucky dog? Please share your card to me.

38. Can you show us your answers?

39. Do you agree?

40. What have we learned in this class?

T8

1. How are you today?

2. How's / What's the weather?

3. Do you still remember the title?

4. Can you guess who they are according to my description?

5. Is he right?

6. Used to or didn't use to?

7. Do you want to have a try?

8. What about the next one?

9. What did you use to and didn't use to?

10. She is a girl, right?

11. Can you give me a sentence?

12. Do you know what's the meaning of "African"?

13. She is a teacher, just like me, are you clear?

14. American English, what does it mean?

15. He used to be afraid of the dark, and he is still afraid of the dark, right?

16. Did you use to be afraid of the dark or being alone?

17. Do you have any other things that you used to be afraid of ?

18. Do you know "lying"?

19. Are you still afraid of it?

20. 生生：Did you use to be afraid of the dark?

21. 生生：Are you still afraid of the dark?

22. Which group wants to have a try?

23. 生生：Did you use to be afraid of high places?

24. 生生：How about you?

25. Who is your group leader?

26. Yang Tianyi used to sleep in class, right?

27. Do you know something about Emily?

28. Emily changes a lot, right?

29. Can you write a letter to Emily to tell her about your changes, OK?

30. Do you want to be friend with Emily?

31. Can you come here to share your composition?

32. What do you think of her writing?

33. What have we learned today?

34. We have learned some phrases, right?

T9

1. What can you see from the video?

2. Which group wants to have a try?

3. Why are they crying?

4. What kind of pollution do you know?

5. What kind of pollution is it?

6. What causes the problem?

7. What should we do?

8. What's the problem?

9. 生生: Do you like it?

10. 生生: Why do you like it?

11. What should we do to save our city?

12. Can you find a good solution to solve this problem?

13. Do you know "solution"?

14. How to write the letter?

15. How many parts?

16. What are the problems?

17. What things should we pay attention to?

18. Can you work in groups, and write down your compositions?

19. Underline the mistakes by using this sign, are you clear?

20. Have you finished your letter?

21. Do you have any problems?

22. Exchange your composition, OK?

23. Who correct this one?

24. Can you give them an assessment?

25. Do you think so?

26. What else?

27. What do you think of their opinions?

28. How many stars do you get?

29. Which group is the winner?

30. Are there any mistakes?

附录五：宁夏课堂教学评价标准表

评价指标		评价标准	分数	得分
基础指标	教学能力	方法有效，调控有序，应变能力强	6分	
	教学状态	仪态端庄，教态亲切，举止合理、得体	6分	
	学习习惯	认真听讲、书写，大胆质疑	6分	
	学习状态	学习兴趣浓厚，学习积极主动	6分	
	师生关系	师生互相尊重	6分	
核心指标	教学依据	学生认知发展成为教学基本依据	10分	
	课堂特色	学生潜能释放成为课堂主要特色	10分	
	教学环节	学生内化过程成为教学关键环节	10分	
	课堂文化	学生合作学习成为课堂主流文化	10分	
	课堂价值	学生质疑生成成为课堂核心价值	10分	
测评指标	教学效果		20分	